周蓓 主編

『民國專題史』叢書

(日)今中次麿 著 萬青 譯

河南人民出版社

現代獨裁政治學概論

主要針對現代獨裁政治的概念、特徵，以及獨裁政治與帝國主義、民族、階級之間的關系和問題進行論述，是其獨裁政治論叢書之一

圖書在版編目(CIP)數據

現代獨裁政治學概論 / (日)今中次麿著；萬青譯．—鄭州：河南人民出版社，2016. 4(2017. 1 重印)
(民國專題史叢書 / 周蓓主編)
ISBN 978-7-215-10093-0

Ⅰ. ①現… Ⅱ. ①今… ②萬… Ⅲ. ①法西斯主義 Ⅳ. ①D033. 3

中國版本圖書館 CIP 數據核字(2016)第 080535 號

河南人民出版社出版發行
(地址：鄭州市經五路 66 號　郵政編碼：450002　電話：65788063)
新華書店經銷　　河南新華印刷集團有限公司印刷
開本 710 毫米×1000 毫米　1/16　印張 18. 25
字數 270 千字
2016 年 4 月第 1 版　　2017 年 1 月第 3 次印刷

定價：121. 00 圓

出版前言

中國現代學術體系是在晚清西學東漸的大潮中逐步形成的。至民國初建，中央政治權威進一步分散和削弱，加之新文化運動帶給國人思想上的空前解放，新學的啓蒙，新知識分子的産生，民國學術如草長鶯飛，進入一個自由而蓬勃的時代。中國傳統學科乃中國學術之根基與菁華所在，民國學人采用『取今復古，别立新宗』之方法，引入西方的學術觀念，積極改造，使史學、文學等學科向現代學術方向轉型。此外，大力推介西方社會科學的新學科和自然科學，在學習、借鑒乃至移植西方現代學術話語和研究範式的過程中，逐漸建立中國現代學科，使中國的學科門類迅速擴展。一時間，新舊更迭，中西交流，百花齊放，萬壑争流，開創了中國現代學術的源頭。

伴隨知識轉型和研究範式轉換而來的，還有學術著作撰寫方式的創新。中國古代的著作向來以單篇流傳，經後人整理匯編後，方以成册成集的面目出現并持續傳播。直到十九世紀末，東西方的歷史編撰體裁不外乎多卷本的編年體、紀傳體和紀事本末體等，章節體的出現標志着近代西方學術規範的産生和新史學的興起。章節體具有依時間順序，按章節編排；因事立題，分篇綜論；既分門别類，又綜合通貫的特點。以章、節搭建起論述之框架，結構分明，邏輯清晰，較傳統的撰寫體裁容量大、系統性强。它的傳入，使中國現代學術體系從内容到形式被納入了全球化的軌道。民國時期專題史的研究、譯介、編纂、出版恰恰是在這樣的背景下欣欣而發，是學術的實驗場，也是歷史的記録儀。編選『民國專題史』叢書的初衷正是爲了從一個側面展示中國學術從傳統向現代過渡的歷史進程。

專題史是對一個學科歷史的總結，是學科入門的必備和學科研究的基礎，也是對一個時代艱深新鋭問題的解答，是學術研究的高點。民國專題史著作中，既包含通論某一學科全部或某時代（區域、國别）的變化過程的，又囊括對一時代或一問題作特殊研究的，還有少部分是對某一專題的史料進行收集的。原創與翻譯并重，翻譯的底本大多選擇該學科的代表著作或歐美大學普及教本，兼顧權威性和流行性，其中日本學者的論著占據了相當比重。日本與中國同屬東亞儒家文化圈，他們在接納西方學術思想和研究模式時，已作了某種消化與調適，從思維轉换的角度看，更便于中國借鑒和利用，他們的著作因而被時人廣泛引進。

與當代學術研究日趨專業化、專門化、專家化的『窄化』道路迥乎不同的是，中國傳統學術崇尚『學問主通不主專，貴通人不尚專家』的通識型治學門徑，處于過渡轉型期的民國學術在不同程度上保留了這種特徵。民國學術大師諸學科貫通一脉，上千年縱横捭闔之功力自不待冗言，外交家著倫理政治史、文學家著哲學史、化學家著戰争史等亦不乏其人，民國專題史研究呈現出開放、融通、跨界撰述的特點。與此同時必須看到，自晚清以來，中國的命運就在外侮屢犯、内亂頻仍的窘境中跌宕彷徨，民族存亡仿若命懸一綫。這股以創建學科、總結經驗、解决問題爲指歸的專題史出版風潮背後，包裹着民國學人企望以西學爲工具拯民族于衰微的探索精神，及以學術救亡的愛國之心。梁任公曾言：『史學者，學問之最博大而最切要者也，國民之明鏡也，愛國心之源泉也。』這種位卑未敢忘憂國的歷史使命感和國民意識是今人無法漠視和遺忘的。

『民國專題史』叢書收録的範圍包括現代各個學科，不僅限于人文社會科學，學科分類以《民國總書目》的分科爲標準，計有哲學、宗教、社會、政治、法律、軍事、經濟、文化、藝術、教育、語言文字、中國文學、外國文學、中國歷史、西方史、自然科學、醫學、工業、交通共19個學科門類。本叢書分輯整理出版，内不分科，單本發行，方便讀者按需索驥。既可作爲大專院校圖書館、學術研究機構館藏之必備資源，也可滿足個人研讀或興趣之收藏。

與目前市場已有的一些專題史叢書相比，『民國專題史』叢書具有規模大、學科全、選本精、原版影印的特點。本叢書選目首重作者的首創、權威和著作影響力，尤其注重選本的稀見性。所謂稀見，即建國後没有再版，且多數圖書館没有收藏，或即便有收藏，也是歸于非公開的珍本之列予以保存，普通讀者難以借閲。部分圖書雖有電子版，但作爲學術研究的經典原著讀本，紙質版本更利于記憶和研究之用。本叢書精揀版本最早、品相最佳的原版圖書作爲底本，因而還具有很高的版本收藏價值。

『民國專題史』的著作是民國學者對于那個時代諸問題之探究，往往有獨到之處，無論其資料、觀點短長得失如何，要之在中國現代學術史的構建與發展進程中，自有其開宗立論之地位。

現代獨裁政治學概論目次

現代獨裁政治學概論

第一章　獨裁政治的概念

第一節　獨裁政治的沿革

獨裁政治這個名詞，近來雖常被引用，然其嚴格的概念，則還欠明確。惟獨裁政治，亦當然像那所謂專制政治，或立憲政治，同爲政治組織，卽不外政體的一種。可是，和立憲政治或專制政治，究有什麼不同而言，則亦不甚明瞭。那末非先明瞭獨裁政治的概念不可，在明其概念之前，請略述獨裁政治的沿革。

專制政治者，卽所謂 absolute government 。專制君主政治者，卽所謂despotism。反之，獨裁政治則稱爲dictatorship。在名詞上看來，明明是有區別的。獨裁政治，德語爲der Diktator，法語爲la dictateur，都是從拉丁語的dictator變化來的，這個拉丁語原又是從dictum和edictum變化而來，是含有命令法的意思。可是，此文字變爲被羅馬所引用，在古代羅馬的共和政治時代，因爲那時設有「狄克推多」dictator官職。從而獨裁政治，不外是獨裁官的政治之意思了。英語dictator德語der Diktator法語le dictateur者應該是指le dictateur之所行的政治。

這裏就關於羅馬共和政治時代的獨裁官，非調察其是有怎樣的內容不可，先以最淺近的地方來看，盧騷在其民約論中似有如次的說明「法律的固定性是不能與法的順應性相一致的，有時竟至釀成危險，而在危急之際，亦有能成爲國家滅亡之原因。在四周的情形，不許有繁文縟禮的時候，也徒費必要的時日。常引起立法者所不能預期的事例，且在任何時候不能預想的事，也以爲有預想的必要。【註】

【註】(Du Contrat Social. Lir Ⅳ. ch. Ⅵ. Edition de E. Dreyfus-Brisac, 1896 PP. 207-208)

基於上述的必要，在羅馬採用了次之兩種手段：

「爲整備國家之保全，由羅馬的元老院所採取的，在神聖的儀式之下施行的執政官(Consuls)的任命，這是第一種手段（方法）。執政官中的一人任命另一人爲獨裁官，這便是第二種手段。後者的制度，羅馬係仿行阿爾巴(Alba)市的古制。」(同上Page: 208-209)

在羅馬共和政治之下，此後雖常有設置這種獨裁官，但牠似毫無拘束人民的自由，到了共和政治的末期，則這種獨裁制已一變爲絕對不能設置的模樣了，牠的職務便由執政官代其執行。那麽執政官和獨裁官的不同，究在何處？蓋獨裁官，甯可說是臨時的機關（制度），那執政官多是常設的機關。

『在羅馬獨裁官們從無在職六個月以上的，大多數在其期間滿了前辭職。其任期若能延長六個月以上，則好像那十大官（Les Decemrirs）其在滿一年任期之時，必更欲極力延長其任期。獨裁官除了運動他當選的必要時日以外，更沒有夢想他種的計劃之餘日』。（同上Page: 221）

這由盧騷的記述看來，羅馬的獨裁官，是國家機關的一種，和君主政治，貴族政治，民主政治等國家政體之基本的類別沒有什麼關係；是基於一時的必要而設置的國家機關。可是，受這種機關的一度任命，則他關於其所受委任的國家統制權之運用，有獨斷專行的權限。并且他決不是非法篡奪其機關地位，乃是合法的獲得，其任命的目的亦決不是有不法的意思，甯可說是矯正合法的秩序之破壞及達到國家秩序的恢復爲目的。這便是羅馬獨裁政治的本來的意義。

可是在上面所引用盧騷的文句中有二曖昧之點，即氏這在所著民約論第六章第二九〇頁中。他說：『在二人的執政官中的一人，任命一人爲獨裁官』，（Un des deuxconsuls nommait un dictateur）却並不說：『執政官中一人被任命爲獨裁官』。（究是二人中的一人被任命爲獨裁官呢？還是執政官二人中的一人任命另一人爲獨裁官？——

譯者）然而這點是記述不正確抑是盧騷氏的誤解，著名的羅馬歷史家李維士（Liivus），在著作中，則說執政官有二人，其中一人被選任爲獨裁官。卽以李氏所採的意義，而觀則如次：

『羅馬在共和政治時代，是柯米尼斯（Pastus Cominius）與拉都斯（T. Lastius）兩氏任執政時，曾在羅馬發起擧行競技大會，在那時候適賽維奴族的青年們誘拐娼妓數人，極盡淫奔之行爲，卒至釀成重大事件；羣衆間卽起爭鬥，頓時已陷入雙方對陣之戰爭狀態中。並且更由泰爾坤（Tarquinius）之子馬米里（Mamilius）的煽動，遂致當時拉丁三十個城市都聯合爲同盟，公然出示布告，亂事日趨擴大。羅馬政府爲鎭壓這種狀態，乃有獨裁官制的設置。可是，其時是何人被任爲獨裁官，則不甚明瞭了。惟據最古最可靠的史料，發見此獨裁官卽爲執政官拉都斯，從此獨裁官亦遂常由執政官階級的人物或其家系中選任了。

『此種獨裁官之任命，殊予羅馬人民以一大脅迫。因爲這種獨裁官被賦與絕對的生殺與奪的權力，對於此獨裁官，則任何訴訟手續，都不被承認。反之執政官則沒有這樣絕對的權力。同時執政官有二人，各保持平等的權力，互相牽掣着，而獨裁官是單獨，故能發揮絕對的權力，於是賽維奴族遂至向羅馬人求和。此事件亦就可謂漸告一個段落』。（Livius, History of Rome BK. II Sect. XVIII. Everyman's vol. I PP. 88-89）

如上面所述，羅馬的執政官是有二人，且是其中一人被任命爲獨裁官。右述事件，是紀元前五〇〇年頃之事，故羅馬獨裁官的設置，似在那時爲始。

自此以後，羅馬爲應必要上起見，雖常設有獨裁官的制度，但從紀元前二〇二年至同八十二年間，則完全未設置。爲甚麼在那時代不設置獨裁官呢？據麥茜維利氏(Machiavelli)說明，謂羅馬於每年既選任執政官二人使其執行政務，而在上面再設置獨裁官的話，必把執政官立於其下位，難保執政官不懷不平。因此便賦與執政官以選任獨裁官的權限，後來到了共和政治的末期時代，連獨裁官的職權，也由執政官兼任。(Machiavelli Discourses on the First decade of Titus Libius, 1531 Ch. 34)

此後，到紀元前八十二年，長期間以蘇拉(Cornelius Sulla)氏重爲獨裁官，到紀元前四十六年就改由凱撒(Julius Caesar)氏爲獨裁官了，凱撒是爲羅馬共和政治時代最後之獨裁官。

但這裏有非注意不可的，就是蘇拉和凱撒的獨裁政治，和羅馬共和政治本來之拉都斯氏的獨裁政治，甚異其趣，自不能相提並論的。

關於羅馬本來的獨裁官，如李維士氏所說者，其記錄正確無遺。然而，明白雖欠明白，惟略知在某種特別緊急的必要場合，覺到執政官到底難於處理的時候，（指內亂或戰爭時而言）羅馬元老院，便將選任獨裁官的權限賦與執政官，所以執政官有時可不待元老院的同意，得逕自任命獨裁官。但爲獨裁官者，如上面所述，必須是執政者階級中的人物。並且在選任之際，不僅須祈神宣誓（據盧騷說：任命獨裁官，於夜間祕密行之）而且關于此種選任保民官（Tribune）還得提出異議。元來對於此種任命爲確實的目的所必要的，且對於這種任命之必要的一般原則，大半已經規定，就是爲羅馬共和政治的保全和維持。但爲順應環境起見，其特定的目的，很少揭示。一方面選任獨裁官，同時，對於獨裁官卽賦與最高的命令權。從而一經任命以後，所有行政機關都立於獨裁官的下位，不但是元老院，執政官，不能掣肘他，就是保民官對於他的命令也沒有拒否權，於必要時他還有可以逕自任命助理人員之權。

不過獨裁官，却有一種限制，卽不賦與以財政上的絕對權，和任期以六個月爲限。六個月的期間滿了，便自動地消滅其權限，倘使任期已滿他仍不去職時，保民官就可以强制他退職。以上所記述的，原是羅馬獨裁官制的本來面目，到了蘇拉時代，獨裁官的性質，就完全不同了。卽古代的獨裁官，係因爲「恢復國家秩序」而任命的，在蘇拉時代，與其說他是以維護憲法爲目的，不如說他是以「改正羅馬共和國憲法」爲目的之爲愈。卽由於蘇拉之改正憲法，直可將羅馬共和政治所有全體民主機關的權限縮小，再囘復至貴族政治的傾向。從前的獨裁官，和這相反，只是以維持憲法爲目的，決不是有改正憲法的權能。

蘇拉的獨裁，還有一些與古代的獨裁不同的地方，就是關於任期一點。從來獨裁官的任期不得超過六個月，而蘇拉則於紀元前八十二年受任，到同七十九年纔辭退，已在職三年了。然而爲甚麼蘇拉的獨裁和古代的獨裁有相異的地方？蓋蘇拉自稱獨裁官乃單是爲便宜上的事體，不外是借古代的名稱，用以擁護自己的地位，其實；和一種專制政治並沒有甚麼差别。

其次，於紀元前四十八年末，凱撒被任爲獨裁官，其權限雖不似蘇拉之廣大，然而仍不許有何等反對勢力的存在。到了紀元前四十六年，當凱撒的獨裁官的任期將滿之時，更有欲把任期延長十年的提議，他在政略的關係上雖拒絕這提議，相繼仍就任任期十年的單獨的執政官，在實質上遂握有獨裁的權力。而且在紀元前四十四年二月，更强要元老院及公民大會任命他爲終身的獨裁官，然這種行動，結果，不過成爲引起翌年三月十五日之他的暗殺之原因。照這樣看來，凱撒的獨裁政治，在實質上，亦和專制政治沒有差別。

但是，蘇拉與凱撒的獨裁政治，既在事實上不外是一種專制政治，那麼這究竟是怎樣的專制政治呢？這既不是民主專制，也不是君主專制，若從羅馬共和政治的本旨上看來，則當時的主權，還是在民，故是民主政治。但是，若從統治權運用的形式上說來，則此等獨裁官，確發揮了專制獨裁的權力。

那時對凱撒被賜了大元帥（Imporator）的名號。奧克推皁氏（Octavius）於紀元前廿七年時，也被賜了皇帝Augustus的尊號。在名實上均是變成帝政了。羅馬在帝政初期，皇帝便是軍的總帥，但決不是有政治上絕對的專制之權，以保存共和政治時代的憲法，至康斯坦丁大帝為止，皇帝的世襲制也還未確立。當時的政體，若據今日的用語，則是君主立憲制。（元來不是當時立憲政治的用語，羅馬的共和政治，習稱為混合政體。（Mixed Government）此即今日立憲政治的淵源，故在此意義上，仍得稱之為立憲政治。）

以這種的意義，蘇拉和凱撒的政治，既不能說是君主專制政治，也不能說君主立憲政治，更不是民主專制，實在說起來，這謂之爲一種獨裁政治還較確切。然這樣的獨裁政治，係介於民主專制和君主專制的中間，故說它是一種專制政治(Absolute Government)實在是很對的。【註】

【註】Carlschmitt-Dorotic, Die Dictatur 1927.
Herman Sacher, Staatslexikon, Bd I: Art Diktaturron Carlschmitt-Dorotic.
Otto Eorst de Battaglia, Prozess der Diktatur, 1930 SS. 11-28.

在中世紀亦關於獨裁的運用，有幾多的實例；但特稱之爲獨裁官或甚至被稱爲獨裁政治者，却很罕見的。例如中世紀的意大利，雖可列舉福羅林市的梅狄西(Medici)米蘭諾市的施馥莎(Sforza)等的政治，但這些得正確的稱之爲獨裁政治與否尙有疑問。【註】

【註】 de Battagl'a, AA. SS. 29- 64.

到了文藝復興以後，首先在法蘭西開始，有耶谷柯爾（Jaques Coeur）黎啓屢（Richelieu）及麥沙林（Mazarin）等的政治，又有魯培斯比（Robespiere）拿破崙濮諾派脫（Napoleon Bonoparte）等的政治，在英國則有克郎威爾（Alirer Cromwell）的政治。他如波蘭和西班牙等國，雖亦發見有這樣實例。然考近世紀關於比較重要的獨裁政治，不外左列四種：

（一）一六五三年，成立於英吉利之克郎威爾的攝政政治。（Protectorate）

（二）一七九三年，成立於法蘭西之耶谷賓黨（Jacobins）的恐佈政治。（Regue de la Terreur）

(三)一七九五年，成立於法蘭西之拿破崙的革命內閣政治。(Directoire)

(四)一七九九年，法蘭西二月革命(Brumaire)十八日由專橫手段成立的總督政治。(Consulate)

這些的政治，是有怎樣的組織？第一，克郎威爾的攝政政治，在克氏之下，有由一院制成立的議會，每三年開會一次。然而到一六五五年此議會卽被解散，新議會亦於一六五八年被解散，故事實上已爲克郎威爾之獨裁的支配。

其次，恐怖政治是由耶谷賓黨的革命所樹立，那時代的中央機關有「公安委員會」(Comite de Salut Public)和「革命裁判所」(Tribunal Revolutiomaire)，前者置於內閣之上，監督一切，遇有緊急事件時得有逕自獨斷專行的權能。其構成員爲九人。一七九五年十月所成立的第二憲法，區別爲立法和行政。立法機關爲二院制，行政機關由有五年任期的五人的 Directeure 爲主宰，在此之下，更設六人爲部長。到一七九九年，便是拿破崙的總督政治了。所謂總督政治者，以三人的 Consuls 爲主宰，在此之下，設有立法諸機關，已經沒有議決權，實不過等於一種諮詢機關而已。

上述四種政體，果得謂爲獨裁政治與否，尙是疑問。在名稱上當然不被叫做獨裁政治。尤其如最後所引擧的拿破崙的總督政治，顯明地是一種貴族專制政治，決不能說是獨裁政治。那麼其他三種的例，究是甚麼政治？克郎威爾的攝政政治，最初民主政治的色彩很强，但自一六五八年解散新議會後，人民主權的組織早已失却。全部政權都集中於克郎威爾一人，雖帶有君主專制的形式，但在克郎威爾的自身，則固非君主。因爲他的行動，以人民的代表者爲立場，所以也不是完全的君主的專制，因此便有人以爲是一種獨裁政治亦未可知。

至於一七九三年的恐怖政治和一七九五年的革命內閣政治，在政治組織的構成上，主權尙置於人民之上，而民主共和政治的憲法，也還仍舊留存着。一方維持着此種根本組織，一方特將公安委員會或 Directeurs 等特殊的非常專行機關，置於最高地位，這點頗似羅馬的獨裁政治。

總而言之，(一)四種政治都不是合法的組織，乃是出於革命的，或由於政變而來之非合法的組成；(二)四種政治，都是推翻舊的政治組織，代以新的憲法，卽實行憲法之改廢；(三)四種政治，都不過是一時的過渡的變法，決非永久性的組織。以上爲四種政治共通的觀點，且這些地方亦可以決定四種政治是否是獨裁政治的重要之觀點。拉都斯時代所發現的羅馬古代的獨裁官，那決不是非法的創設，乃是合法的組織。但以上四種政治都與此完全相異，如蘇拉和凱撒兩氏的獨裁，是由篡奪而來的。又如第二憲法改廢之點，亦復如此，這些便與拉都斯時候不同，而和蘇拉與凱撒時候倒還相似。祇第三種的指爲暫時的制度的一點，是相通的地方。

若再加考察，則像這樣的實例諒仍不少，在法蘭西革命後，很明顯的被稱作獨裁政治的有兩種：即(一)自浦爾彭復古王朝瓦解，立憲民主主義，確立於法蘭西，至一八三〇年的七月革命爲止，暫時所存在着的是查爾斯十世的獨裁政治。(二)便是一八七一年拿破崙三世，最後的政權。自是以後，我們很久沒有看見獨裁政治。但自一九一七年的俄國共產革命以來，那簇新擁現的共產獨裁政治，和義大利的捧喝獨裁政治等，都是近代的事實。

在中世紀以後發生許多獨裁政治，都是蘇拉和凱撒式一類的獨裁政治，像那羅馬的獨裁官拉都斯，以合法產生出來的却沒有看見。但我們在這裏不可忘記拉都斯那樣的例，他的變形的獨裁仍有遺留下來的，例如現代所有立憲國家憲法中，都規定着緊急命令及緊急處分以及現今多數立憲國家都承認的關於戒嚴的制度。而此種戒嚴和緊急行爲的制度，至今猶留存的，並且是被容許爲合法的獨裁政治的實例。

那樣的制度，所謂羅馬的混合政體者，到了近代却又復活而成爲立憲政治，遂至發現新的國家憲法之創設同時上述的制度，也就多半被採用在那政體的規定中。例如日本憲法第十四條，有戒嚴的規定，第十八條，有緊急命令，第七十條，有關於緊急處分的規定等便是。洛克論十七世紀的英國，於君主的大權事項中，亦承認此種制度。【註】

【註】John Locke, Two Treatises of Government, 1680, BK. II. Ch. XIV, 164-168)

關於戒嚴法的成文規定，比較最古的，要推一八四九年八月九日法蘭西所規定的特別法(Loi Sur l'etat de siege du 9 Aout 1848)，自這規定以後，於一八七八年四月三日由法律 (Loi vetative a l'etat de siege du 3 auril 1878) 從新改正。但這種戒嚴制度觀最近各國的立法例，已有廢止的趨向。例如普魯士於一八五一年六月四日有關於戒嚴的法令，但這法令到了一九一八年十一月十二日卽把它宣布廢止，代以德國聯邦現行憲法第四十八條，更於一九二一年頒行一種關於維持公安的命令（Verordnung der Reichspiasidenten auf Grund des Artikels 48 Abt, 2 der Reichsuerfassung, betreffend die zur: wiederherstellung der offentlichen Sicherheit und Ardnung no:igen massnamen）中，又加以詳細的規定了。

然而，其實以那樣的形式來承認今日合法的獨裁政治，誠値得注意的。

這種規定，的確已現成了今日合法的獨裁政治，（民二十年一月三十日南京國民政府曾公佈的「危害民國緊急治罪法」如出一轍）那麼，像今日的政治困難瀰漫世界的時侯，再適用那樣的規定，勢必日增一日。

例如，德國的白魯寧內閣，於一九三〇年十月一日，及一九三一年一月廿八日，幷於同年十二月八日，曾連續發布緊急命令，把議會的財政預算權剝奪，更禁止集會結社及書信的自由，並連那各種經濟上的自由權，也均被限制，而將這種制度置於大總統的獨裁之下。還有英國的麥克唐納內閣，亦於一九三一年九月十日，公布一種所謂「緊縮法」以爲獨裁的張本。這些都可以實證現代立憲政治之漸趨於獨裁化的一途。

據這種意義，現在的立憲政治，均可謂爲既在形式上益加帶有獨裁政治的傾向。不單如此，更有爲我們所不可忽視的，厥惟新的制度及被修正的許多立憲國家的立法內容，已漸次失却最初的自由，而傾向於統制的方面。在那國家擁護法，治安維持法，社會的立法及其一切金融產業，同那警察制度的擴充，言論集會結社之嚴厲取締，立憲政治，今已次第失去了立憲政治的本質。換句話說，這在合法的過程中，將漸次轉化向獨裁政治的領域走去！

立憲政治的本身，在其構成上，决不是與獨裁政治對立，而有不相容的地方。這些事實，我們該怎樣解答呢？總之，不論立憲政治也好，民主政治也好，祇要爲基於社會之必要，內容如何變更，都沒有甚麼關係的吧。

第二節　特命的獨裁與主權的獨裁

我們若回顧上述獨裁政治的沿革，則對於獨裁政治的意義，自能明瞭了。現在關於確立獨裁政治，有再稍爲確立詳密的觀念之必要。

先從其沿革看來，卽知道獨裁政治，有兩種的時期，卽拉都斯時代，是爲羅馬本來的獨裁政治，蘇拉和凱撒時代，便是一種墮落的獨裁政治。近世以後的獨裁，多類於後者，前者可認爲憲法上的緊急行爲和戒嚴法令。

在事實上，既存在着這樣兩種獨裁政治。結果，於理論上，對於古來的獨裁政治，便有兩種對立的見解。例如第十六世紀法蘭西之有名的國家學者鮑敦(Jean Bodin)氏，對於獨裁政治的見解，有如次的說明：

"En quoy il apert que le Dictateur n'estoit ni Prince, ni Magistrat souver ain comme plusieurs ont escrit, et n'auoit rien qu'une simmple commission, pour faire la gecerre, ou reprimer la sedition, ou refocme'r léstat, ou institues neuveaux officiers" Jean Bodin les six levers de la republique, l. I. c. VIII ed 1608 PP. 123-124)

即：所謂獨裁官者，不外是在遂行戰爭，回復秩序，變革政體和創設新機關等的目的之下，所合法的並依委任式的設置或任命的國家機關，决非以實力把君主的主權和國家最高權力纂奪來的。

然在十七世紀所明示的，有荷蘭著名的國際法學者葛洛倏斯(Hogo Gratius)氏，則有如次的說明：

"Deshald wurde, wie Levius sagt, des Gelot des Diktators wie ein gottliches betrachtet, und es gab, heine andere Hulfe dagegen, als es zu befolgen. Cicero nennt, die Diktatur eine zeitweilige konigliche Gewalt." (Hugo Grotius, De jure belli ac pacis, l. I, c. III VIII; Deutsch von Kirchmann, I. aufl. 1869. §12 S.152, franzosisch V. Barbeyrac 1729 § 13. S 159.)

Denn ich kann denen nicht bestimmen, welche die Gewalt des Diktators nicht als die hochste(souveraine Borbeyrac) anerkennen wollen, weil sie nicht dauernd war.... Nur ubt der Diktator wakrend seines Amtes alle Handlungen nach demselben Rechteaus, wie ein Konig mit der vollkommensten macht, uud seine Handlungen Konnen von keinem anderen widerrufen werden. Die Dauer andert nicht die Natur der Sache." (a. a. O. XI. 2. Kirchmann, S. 158, Barbeyrac.

SS. 166-167)

照葛氏的現代獨裁政治學概論，具有絕對無上的專制權力的君主，有相同的權能誰都不能加彼以掣肘。黎維士也說獨裁官的命令有等於神的命令。希舍路也說，獨裁官者，有像君主所有的一般的權能。所以，縱使獨裁官的任期，爲一時的，這亦决不能有妨礙他那權能的最高性。要之，據葛氏之意見，獨裁官不是委任式的國家機關，而是立於最高主權的地位之機關。

鮑敦和葛洛倏斯的對立，是在於獨裁政治爲被制約於憲法而得爲合法的存在？抑或超越立法性而能自由創作新的政治組織之主權式的存在？關於這些議論，於後來却引起了許多的論戰。例如霍布斯(Hobfes)普芬道夫(Pufendorf)湯瑪斯(Tomasius)和希特尼(Sidney)

諸氏所發表的意見便成了討論問題的焦點。【註】

【註】Hobbes, Leviathan, Ch. XIX. p. 180. Moral works of thomes Hobbes. London, 1750., Pufendorf, Dejure naturae et gentuim l. VII. C. VI. § XV. Barbeyrac, 2. ed. 1712. tom. 2. p. 308.) Tomasius Institutionum jurisprudentiae divinae. l. III. C. VI. 126,(Holle 1702, p. 577) Sidney Discourses Concerning government,1698. Ch. II sect. 13 pp. 117-119; Ch. II sect. 14 pp. 120; Ch II sect. 17 PP. 134-138; Ch III sect 31. PP. 400-401

問題的中心，在這些獨裁政治是委任式的，還是主權式的呢？若黎維士關於拉都斯的記述是正確的話，那麼，羅馬本來的獨裁官，是依了委任而賦與專制的權限，決非用自己的權力，奪取那權能。縱使那權能爲萬能，也是因爲了擁護憲法是基於一時之必要的，並非把憲法來改廢，並且到了任期已滿，他那權能當然不能不因此消滅。原來國家主權這個東西，在本質上說，是不許有甚麼期限，所謂一時的主權觀念理論上是不得存在的。如果這樣說，拉都斯時的獨裁政治，確非主權式的而爲委任式的。和今日的戒嚴法令及和緊急行爲等，是有同一的性質的。

蘇拉和凱撒的獨裁政治所表現的，實爲羅馬本來的獨裁政治之一種變質，因蘇拉和凱撒，決不是以合法的手續而取得他們的地位。不單如此，即他們的任期，亦結局爲無限制的。他們的所爲，並不是擁護從來羅馬共和政治的憲法，却把那憲法改廢，漸次的使成貴族政治的形態。自此以後，在羅馬所出現的獨裁政治，則多半又屬於這一類的模型了。

為了在羅馬共和政治時代，蘇拉和凱撒既做成了這樣變態的獨裁政治，從此以後，卽自然地會分出兩種獨裁政治來。不過在近世紀的國家政治理論家不承認把這兩種政治行為的對立，祇問那獨裁政治是「特命的」（Kommissarioch）還是『主權的』（Souverän），在這一個命題上去考察。那麽，我們在這裏就不能不承認既有二種獨裁政治的事實。換句話說：獨裁政治現時就有『特命的』與『主權的』兩種。而特命的獨裁政治，便有以下幾點特徵：

一　不以變更國家憲法為目的，在憲法中明白規定的效力之範圍內，以採取緊急必要的政治的處置。所以，那權力的發生，是合法的，獨裁官則不過有受主權者委任的權限。

二　為應緊急處置的必要，得不必待協助機關與諮詢機關的判明，有單獨專斷政務之權，其權能之大，可以想見。因而於停止立憲政治的形式，而變爲有與專制政治相同的形式。換言之，它能代替優越的立法及司法的作用，出現行政作用的萬能。

三　同時爲應緊急的必要，所以不以永久持續此種狀態爲本質，而是一時的變態，亦卽止於暫定的局勢。

四　視其內容實質，關於輕微的事項所發布的緊急命令，和緊急處分等，叫作『立法的獨裁』。雖不需要特別實力的手段，但對於像那樣的重大事件，則明明是行使武力的是『武力的獨裁』，而不是戒嚴。但如德國憲法第四十八條，爲擁護憲法計，旣確認着大總統有武力的行使權。所以在這裏所謂行特命的獨裁時，其本質實已帶有武力的傾向。

特命的獨裁，在上面既說了個大概，以下且把主權的獨裁政治，及其特徵如何，略加說明。

一　在地位發生的要件上，非立憲的，即非合法的，并不受命於誰，乃以實力簒奪其地位。所謂實力者，也有種種，有基於社會的勢力的，也有基於武力的等是。這裏所謂社會的勢力，可當作是社會統制（組織）之各種因子。就中富者對於貧者的支配，最爲重要。但須看社會勢力的發動，貧者反爲支配富者亦殊可能。但是這種非合法的取得獨裁的地位，在開始時，未必一定是由政變或革命而起，不過由革命和政變而奪取政權當然是最顯著的事例。但亦非盡是如此，例如自稱皇帝的查利斯十世，和拿破崙三世，爲要把政治獨裁化，却並不曾需要政變或革命。正如今日的立憲政治，也不外就是資本主義的獨裁政治。從這樣立場看來，初無不合的地方。關於這點，容後詳述。至單單的政變或革命，還不是非合法手段，若採取了違反憲法精神的統治的形式，那才當然是非合法的手段。不問其過程爲如何，若以不合法的手續而取得的獨裁的權能，均可歸納於這裏所謂的主權的獨裁之部門中。

二

所以主權的獨裁，當然不是以維持憲法，擁護現行政治秩序爲目的，寧可說是以變更或廢止爲目的。此主權的獨裁，大牛在這樣的目的之下發生出來。爲要創造於自己有利的新的政治秩序，便用實力來征服現行的政治秩序。這些變更程度祇是輕微的，或僅變更政治組織的運用爲止亦未可知。至其程度激烈的，則甚至於變更或廢止憲法法規。這其間包含有採用極合法的手續而行使的時候，和訴之於極端的武力爲手段的時候。但是這個獨裁政治，經一度非合法成立以後，則其根基越堅固越可不必訴之於無理的武力手段，此後，也能自由而合法的改廢憲法和法律。而在此成立的新的獨裁政治的秩序之下，一切政治的和社會的法制秩序之改廢，得儘如獨裁者的意思，這便是獨裁政治的特徵。

三　政治之新的秩序既爲獨裁者所造成，則這樣獨裁政治，便沒有持續至任何時的必要。蓋從任何方面看來，獨裁政治總有不少的危險與犧牲，這到底有不能永續支持的性質。是故，一等到新政治的和社會的秩序安定以後，那獨裁政治便告終熄，而恢復到平時的狀態。從而主權的獨裁，和特命的獨裁止於一時的制度一樣，也不過爲一種一時存在之變態的政治，這一點在兩者都是相同的。

四

再看主權的獨裁之內容實質爲如何，這比較那特命的獨裁是更有實力的。卽不擁護現行秩序，而寧以改廢現行秩序爲目的，故要強行的手段爲多。但其獨裁政權的基礎是鞏固的且奪取獨裁政權所必要的組織，若已完備則不用強行的手段，藉了新的秩序的關係，也能遂行他那合法的獨裁政治的目的。故和特的獨裁相反，在主權的獨裁之下，起初是強行的，而後來卻漸漸採用合法的形態，遂至喪失其爲獨裁政治的實質，成爲常規的政治形態，漸見安定。卽特命的獨裁有從立法的獨裁向武力的獨裁發展的傾向。反之，主權的獨裁則有從武力的獨裁發展到立法的獨裁的傾向。

二個獨裁政治的不同點，在上面既說了一個大概。現在我們再考察這兩個獨裁政治的相互關係。卽特命的獨裁帶有主權獨裁中所見的足爲先驅的現象的性質，同時這便是主權的獨裁在完成其事業時所表現的形式。就是說，主權的獨裁政治，一到安定時候，也就發生和特命的獨裁同樣的狀態。這是因爲一旦藉實力而成立了獨裁政權，此後便入於合法的過程。從而從這種獨裁政治的見地，我們大可把獨裁政治及其發展過程來吟味一下。就是：

一　在於舊政治秩序之下，所行使的特命的獨裁。

二　爲要破壞舊政治的秩序，和創設新政治秩序的主權的獨裁。

三　基於新政治的秩序之確立，主權的獨裁之特命的獨裁化。

同時以上三種過程，更有如次的發展：

一　成爲立法的獨裁的特命的獨裁；

二　成爲武力的獨裁的特命的獨裁；

三　成爲武力的獨裁的主權的獨裁；

四　成爲立法的獨裁的主權的獨裁。

於是在這裏既確立安定新政治的秩序時，卽喪失了獨裁政治存在的意義，因此獨裁政治卽歸消滅。【註】

【註】『立法獨裁』一語，普通叫(Ordnungsdiktatur)『武力的獨裁』一語叫作(militardik

tatur)統名之曰：獨裁政治亦可。

本節所記述的資料多數參照 Carl Schmitt Doratio Otto Forst de Battaglia兩氏之著作

總括地說，特命的獨裁和主權的獨裁，並不是不兩立的觀念，實不過爲獨裁政治之二個種類而已。兩者不同的要點，存於獨裁政治的成立過程是否爲合法。卽特命的獨裁爲合法的成立；主權的獨裁由不法的篡奪，由於政變或革命而成立。但兩者一經成立，則都超出法律，而行使自由的實力和强制的支配。

第三節　獨裁政治的特質

這二種獨裁政治的存在，都有共通之一般的傾向，故綜合兩者，我們卽以獨裁政治名之。然則那獨裁政治之共通的一般性存於何處？就是獨裁政治的特質到底在甚麼地方？以下就這一點，加以說明。

先應看看從來國法學的理論家，關於獨裁政治的觀念，例如卡爾謝米特（Carl-Schmitt）則說爲實現並强行某種法律觀念所必要的法律遂行的手段，便是獨裁政治。所謂實現某種法律觀念，可以作爲現狀秩序的維持之意，也可作爲新秩序的創設的意義。所以我們在這裏便有把它分成爲行動的規範而存在的法律，和爲實現目的而存在的法律關係的必要。從這立場看來，獨裁政治，雖是爲要强行一種法律關係而存在的，但其手段則不必須要甚麼合法的，一味以自由專斷的形式行其所是。【註】

【註】 Schmitt-Doroitic, Die Diktatur, I Aufl, SS. VIII-IX.

白德格利亞（Battaglia）對於獨裁政治的說明，也有同樣的立場。即謂從那獨裁政治的起源觀察，獨裁政治是以非合法的手段爲基礎。不單如此，且以不受任何法律形式的拘束，爲其特色。一切獨裁政治，先由革命入手，以破壞爲先驅。更被認爲是一種持久的革命。但其目的，則常在能造成新的法律秩序。以這樣的新秩序的造成誘導，這便是獨裁政治的意義。但白氏對於獨裁政治，尙有一種較詳的說明。就是那第二要件，從支配關係來看，是有和民主主義相對立的構成。民主主義承認全國國民有參與政治的機會，獨裁政治則否，儼然存在支配者和被支配者的對立地位。這種狀態，恰和中世紀的等族（Stand）國家相似。在等族國家中有並不賦與市民權的像那農民，奴隸，及半自由人等的國家構成員的存在，反之，於獨裁政治之下，則國民中的一人或多數，對於同爲享有完全的市民權時，其他國民，發揮着革命的權力。等族國家是等族的支配，並非優勝階級(Klasse)的獨裁。從而那第三要件，卽爲在獨裁政治下面，發揮獨裁的權力的個人或多數人被認爲有一種特權的支配者的地位。這裏且把白氏的定義寫在下面：

『獨裁政治是政體(Staatsfarm)的一種，是一人或多數的國民，用暴力破壞現行法律秩序，從而在國家的全體上所確立的支配關係，其他立於非支配地位的國民，絕無參加的可能，是公然的有規則的被運用的支配關係所成的一種政體。』【註】

【註】 Battaglia, Prezess der Dihtatur. SS. 384-385

獨裁政治和民主主義含有對立的意義，這是白氏的主張。關於這點，黑爾曼赫勒（Hermans Heller）有更詳細的敍述。赫勒氏把獨裁政治和法治國家對稱着。即他把獨裁政治，看作是法治立憲政治的否定。但否定立憲政治的必要是爲什發生的呢？

第一，是社會經濟發達的結果，一方因爲社會的分工太發達，同時，他方世界交通機關又是進步了。結果，社會經濟必日趨於所謂有計劃的合理化之途，此種事實，已把最低限度的政治干涉，做成原則；和祗要有單單爲維持政治所必要的簡單的法律秩序便得的法治國家的思想終於相矛盾，於是天天有無數法規發布出來，這便是所以必得要法治國家的觀念的轉換方向的原因。

第二，便是立憲議會政治的腐敗。這樣的法治國家本身的末運，便成爲今日議會政治墮落的反映。而現代獨裁政治的目的，可於『民族的廉潔』和『國家的富强』中求之。但郝氏特別提出來叫人注意的，是獨裁政治能免去多少腐敗？爲什麽可說獨裁政治當不致如民主主義的墮落？換言之卽在這一點上，民主主義與獨裁政治比較，確是良好的。

第三，他舉出代替法治國家的經濟的機能國家（Berufastandischer Staat）的觀念，是促進近世獨裁政治的一大原因。但獨裁政治不以創造散漫的機能國家爲目的，而以權力集中於獨裁者的手中爲目的。是故，獨裁政治常是政治形態的分解，又不外是社會的無政府政治的形式的表現，郝氏是這樣說了的。【註】

【註】Hermann Heller, Rechtsstaat oder Diktatur? 1930.

意大利的施複莎亦高唱現代獨裁政治確是爲了反對議會政治而起

的，但他認爲現代會議政治的腐敗决非基於人物的不良，而認定不能選出有能力而足資信任的人物，其原因是在社會狀態之不良。惟施氏到底不贊成以集權的獨裁政治爲救濟策，反而主張在法國所提倡的地方分權主義（Regionalism）。並且施氏又主張，這機能分權主義；在法西斯蒂獨裁崩壞以後，預料必自然成爲意大利的政治形態。據施氏的意見，現代獨裁政治發生的根本原因，得分爲左列三種：

一　從好戰的感情所引起的專制主義者對於民主主義者的復仇。

二　由對於蘇俄的恐怖——卽指歐美文明的危機，與布爾塞維克的危機，是極無根據的恐怖。——所引起的工業家和地主對布黨的爭鬥。

三　意大利所發生之反猶太人運動。（但這個原因現已認爲不甚

重要）【註】

【註】 Count Curlo Sforza, European Drctatorships, foreword by C. E. M. House 1931.

郝勒與施馥莎兩氏，既認民主主義和議會政治有與獨裁政治同樣的墮落，不，寧可謂較獨裁政治，墮落尤甚。不過在這裏却認所謂機能國家的必要，確値得注意而傾聽的地方。但是他把獨裁政治對立於民主主義和對立於議會政治，似有未合已在上節詳論過了。今日，獨裁政治是在民主立憲政治之下施行着。因其能與民主立憲政治相爭奪，便在這意義上，我們也就不得不承認獨裁政治的存在。

要謀解決這矛盾，我們得在否定獨裁政治爲一種政體的見地上求之，承認其爲在任何政體之下都能存在的一種變態的狀態。郝勒氏雖則也主張獨裁政治是政體之一種。但他又承認這是在政治組織的變革期中所出現的一種政體。那麼否認獨裁政治爲一種政體的究是何人？這就是考茨基（Katusky）。他說：獨裁政治若照字面來解說，獨裁政治便是一個不受任何法律拘束的個人壟斷支配的意義。而這種壟斷的支配與專制政治的不同，不是因其有等族的國家組織，甯可說其不同是在爲暫時的緊急處置的性質這一點。所以這『實非政體（Regierungaform），乃是無產階級奪得了政權時，必然的會陷入的一種狀態』【註】

【註】Karl Kautsky, Diktatur des Proletariato, S. 20, Demokraticoder-Diktatur S. 36.

爲什麼考茨基有這樣的主張呢？原來他以爲無產階級獨裁的時期，便是民主政治，而馬克斯更在『新來茵新聞』中，亦有同樣的見解發表。（參照第二章第一節）。

考茨基氏的主張，是有一點錯誤的地方的。例如實施緊急命令和戒嚴法令時候，也必得認定一種可以實行的政體的存在。若以政體爲常限於立憲政治和專制政治，民主政治和君主政治，而不包含其他瑣細的規定的內容，這就錯誤了。政治的種類，不外上述數種。任其爲如何不必要的規定，祇要是有關於政治運營的組織，這就可稱之爲政體。

上面曾經明白地說過，在立憲政治的政體之下，有容許緊急處分和戒嚴法令。故說在立憲政體中，多少含有些獨裁政體的意味。本來不祇限於緊急命令緊急處分及特別戒嚴等三種事項，無論怎樣，苟容許帶有獨裁政治的內容的組織，則多少總脫不了是獨裁政治。祇不過那是發達的極度的獨裁政體呢？還是止於立憲政體中所僅見的獨裁政治？這僅在程度上有些差異罷了。

歷來各種政體，決不是不能互相併合的。立憲政治者，在羅馬既被稱爲混合政體，曾似由君主民主和貴族等諸要素所組合成的；並且獨裁官的制度中所認定的專制的規定也包含着。由此看來，可以說民主政體，同時也能包含獨裁政體的規定。不，現今的一切民主政體都包含着獨裁政治的規定。這便是前面所見的特命的獨裁所以存在的理由。至於這二種團體是怎樣成立的，當待於次章中詳述了。（參照第二章第二節）

復次，馬格司阿特拉（Max Adleh）認爲『獨裁政治常是階級支配的「附隨現象」（An'age der Klassenherrschaft）』。他把政治的德讀克拉西和社會的德謨克拉西看作是對立的，以爲前者常爲階級支配，後者則是沒有階級的眞正的民主政治。(德謨克拉西Democeracy)，依阿特拉說，政治的德謨克拉西，不外是有產階級 (Bourgeais) 的獨裁，因而他以爲獨裁政治，常以階級支配爲前提。【註】

【註】Protokoll des Linzer Parteitages der Sozialdemokratischen Arbeiterpartei Oesterreichs, SS. 286-292 Siehe, Gurland, morxismus und Diktatur, S. 71)

與阿特拉氏的意見相對立的有奧托巴爾(Otto Bauer)的主張。巴氏說階級支配，不算是獨裁政治，祇是暴力的恐怖主義(Terrorism)，才是獨裁政治。依巴氏說：『獨裁政治是由武裝的大衆所集合的恐怖主義化，是對於一切國家的權力的反抗運動的煽動及對此種組織的壓制。如一七九三年的甘露丁暴動，和一九一七年的暗殺事件，都帶有

這些意味。故獨裁和恐怖主義，實沒有什麼分別的地方。』」【註】

【註】Otto Bauer, Bolschewismus oder Sozialdemokratie? SS. 113-114, Siehe, Gurland, a. a. O. S. 69.）

像巴氏這樣對於獨裁政治常認爲和恐怖主義同一見解的人，眞不少罷。例如莫利思裴台爾(Mourice Bedel)，亦說：『一切獨裁政治，不問其爲合法的與否，都是立於武力之上，存在於武裝的法西主義(Fanaticism)，大衆的團結力上面……』【註】但把祇求議會的事後承諾的立憲的緊急命令和緊急處分等，也作爲獨裁政治時，則此種說明，就不一定是妥當的了。

【註】Battaglia, a. a. O. S. 159.

阿特拉對於以獨裁政治爲恐怖主義說，有如次的反對論調：

「獨裁政治和恐怖主義，互相混淆着。當然兩者對其他的一切行使强力的支配這一點是相同的。但恐怖主義是有多數受强迫的，反之，獨裁政治則僅少數受强壓。藉恐怖主義而得利益的僅爲少數，藉獨裁政治而得利益的有多數」【註】

【註】 Max Adler, Politiasche oder soziale Demokratie, S. 97.

Siehe Gurland, a. a. O. S. 75.）

阿特拉的說明卻不能不令人有怪異的地方。他想以此少數與多數的論法，來區別爲有產階級獨裁和無產階級的獨裁。關於這點，請待後面再分說。

總之，巴爾說的，未免太過分了一點。我們在第一節獨裁政治的沿革中已有了一個明示，單單恐怖主義是不能算獨裁政治的。但我們也得認定，獨裁政治是有很容易陷於恐怖主義的危險；例如在俄羅斯有GPU，義大利有米里推，波蘭有防衞隊，德意志的「那地斯」有衝擊隊等，獨裁的成立，多數爲軍閥的策動，且獨裁的結果，常變成武力的獨裁。這樣看來，獨裁的背景，實有不少恐怖主義之可能性的存在，這是很容易認識出來的。惟此種現像，卽爲獨裁的附隨物，而非獨裁政治之本質的部份。因而以獨裁政治的本質，視作是階級支配的阿特拉的見解，不得不說是含有許多眞理的。

但是比阿特拉氏更正確的見解的便要推桂蘭特(Gnrland)了。桂氏說：

『獨裁政治，並不是僅由一種政治革命所得除去的階級支配。獨裁政治，不外是從屬於相當的生產方式之經濟的構成之一種階級支配。卽與這種生產的方式是相連並存的一種階級支配。在固定的生產關係上是屬於政治的上部構造，而同時對於社會的生產過程之下部有構造的作用的，卽爲此下部構造的前提的存在。獨裁政治，時時從這樣生產方式的構成，以取得這執行力的，而決非是立於自己固有的基礎上的。在這一點，便是「特命的」，而不是「主權的」了。

據桂蘭特的見解，獨裁政治是成爲對各時期的社會生產關係上的政治的上部構造反映所成的階級支配。【註】

【註】Dr. Arkadij Gurland, marxismus und Diktatur, SS. 81-82

桂蘭特在這裏揭示特命的與主權的用語，的確有些似突如其來的。這當然是因爲謝米特用過了，他也便把牠引用的。但兩人的用法，卻完全不同。因桂蘭特所說明的社會生產關係的狀況，比較的是有基礎的，獨裁的上部構造，也不外是此種生產關係的反映罷了。但照桂蘭特氏的見解看來，獨裁政治，當然不是以獨裁者之主觀的努力，所作成的。乃是時代與社會所造成。這是當然的。因古來所謂特命的獨裁之用語，其意義決不是這樣解說的。所謂『特命的』者，卽『順從在上者所既成的法律和秩序之命』的意味，所謂『主權的』者，卽『以新法律秩序的創造者的資格來超越過舊法律秩序（超越，明言之卽取消）』的意味。附隨於階級支配或下部構造上的現像的獨裁政治，在『特命的』或『主權的』場合，都能造成。

至此，我們就可以明白獨裁政治是階級支配的反映了。但獨裁政治這個東西，他那形態究竟是怎樣的，却還不明瞭。

列甯在他著的『背教者考茨基』中修正考氏之說如次：

『考茨基以獨裁政治，作爲一人單獨的壟斷支配，這明明是說反乎歷史的事實的話。並且在文法上這話也不甚正確。蓋自古迄今，任是個人集團，寡頭政治，階級等等，都也能一樣地把獨裁政治來運用』。

列甯又認定下面的定義是對的。

『獨裁政治直接站立於實力之上，是絕不受任何法律的拘束的支配。』【註】

【註】 Lenin, Diktatur des Proletariats und der Renegat K. Kautsky, Vulkan-Verlag 1919 S. 5.

復次，列甯自己也在他著的『獨裁政治的問題』中，下同樣的定義：『獨裁政治的科學概念，不外是無限制的，絕對的，即任何規則都不被限制的，且也不依據甚麼法律，是直接的站立於實力上的權力』。【註】像下這一個定義，是何等簡潔明快啊！

【註】Lenin Zur Frage der Diktatur, wien 1921 SS. 15

在這裏，作者特對於獨裁政治少爲加以詳細的說明。並且擬把獨裁政治下如次的定義。

一　獨裁政治是政體之一種；

二　獨裁者，是個人或團體，藉了合法的，或不合法的，將有權力的地位取得的人；

三　不受任何法律的拘束和掣肘，得以專恣的實力的支配；

四　是非常規的，便宜的，過渡的政治手段，沒有常規的，窮極的手段之意義；

五　爲國家的或階級的必要，而被行使的。

以下再把這要旨說一說：

獨裁政治者，爲國家政體的一種，在非常的，便宜的過渡的意義上，爲了國家的或階級的必要，依了合法的或非合法的手段，取得其地位的個人，或團體所行使的法律的專制的實力的支配。

獨裁政治，如照這樣解說，亦和專制政治無異趣嗎？專制政治原來不過僅表示不是立憲政治並以不承認三權分立爲其主要的識別點；但獨裁政治在上述的第四項『非常規的，便宜的，過渡的政治手段』這一點則完全相反。所以專制政治存立於終極的，決定的，永續的意義之下。並且那專制政治是決不會和立憲政治相併合。反之，獨裁政治却能和立憲政治併合；在事實上像特命的獨裁，在現時的立憲政治下也還是一種受得容許的制度。

最後，獨裁政治可與專制和立憲兩個政體並列，且與民主，寡頭，君主三個政體相對立。民主，寡頭，君主均各有專制及立憲政體。獨裁政治也當然有民主的，寡頭的，及君主的獨裁政治。所以獨裁政治可分下列三種：

一 君主的獨裁政治；
二 寡頭的獨裁政治；
三 民主的獨裁政治。

第二章　獨裁政治和民主政治

第一節　無產階級獨裁

無產階級獨裁是和法國大革命當時的賈哥邦黨的獨裁及古代希臘的泰伊蘭政治（Tyranny）有相類似的傾向。牠是一種大衆的獨裁 mob-rule (mobocracy)。可是，在今日的獨裁政治，法西主義（Fascism）獨裁也是有這種大衆的獨裁的傾向，故在這一點，很難把兩者區別出來。

無產階級獨裁的理論是早已由德國的「烏托邦」（Utopia）共產主義者威特林（Weitling）及法國的布朗基（Blanqui）說過的了。照我看來，威特林的思想，有不少成爲馬克斯主義的發展的基礎。例如他考慮到革命的過渡期，並且把國家和非政治的行政組織，嚴格的區別出來，以後者爲其理想社會（後揭書，一三二頁），——對此點，工團主義者（Syndicalist）以爲是馬克斯主義學了工團主義，但馬克斯本身是早在工團主義以前的——這種思想，也可說從無政府主義（Anarchism）發生，不過總還是以從特別高唱此點的共產主義者威特林的思想發展過來爲是，同時，這無產階級獨裁的觀念亦可以說是從威特林發生出來。然而，威特林的獨裁論是可以充分的認定從猶太宗教的最終觀念發生的，也可以認定牠是從中世紀的基督教神學中所發達的基督再臨，由審判及千年統治（Millenium）等思想轉化而來的。從而威特林之獨裁論，宗教的色彩非常濃厚。欲排除這宗教的色彩，而樹立科學的獨裁論的，就是馬克斯和昂格斯。

在威特林的最有名的著作調和與自由的保證中，關於所謂社會變革的過渡期，有如下面的一段話。

『一位新的救世主，爲着第一次實現他的理論而出現罷。他是破壞舊而腐朽的社會秩序的組織，把淚的痕跡，葬掉到過去的海裏，把地上來代替天國』。（二六〇頁）

『而這是比第一的救世主更偉大的第二的救世主。』（二四三頁）

這樣，牠不單是宗教的，而且這所謂救世主義的支配，是個人的支配，而不是國民全體的支配。【註】

【註】 Witling, Garantien der Narmonie und Fraiheit, 1. Aufl. 1842 (18. Kap. "Möglichen Uebergangsperioden.")

這樣的宗教的信仰，漸漸的爲科學所論證了。可是，馬克斯在其初期的文獻中，還沒有使用獨裁的文字。不過在其內容中，則有獨裁意味罷了。這我們可在一八四四年發行的德法年誌（Deutsch-Französisches Jahrluch）中所記載的黑格爾法律哲學批判及猶太人問題等裏面找得【註】

【註】 Mehring, Aus Literalische Nachlass, Bd. 1. S. 395. SS. 414-415. 參照

其次，在一八四七年六月早已脫稿的哲學的貧困的尾末，亦敍說同樣的意味。

『勞動階級是在其發展過程中，造出一種共同團體（Association）以替代舊的資產階級社會。牠是廢除階級和階級的對立。而在那里早已沒有了本來的階級爭鬥。因爲什麼呢？因爲政治權力

正是資產階級社會內部的階級對立的公然的表現出來的原故。而又在這中間的無產階級對資產階級的對立，即是階級和階級的鬥爭，即會有達於最高潮的一個全體的革命之意義的鬭爭」。【註】

於此，不可不知道過渡期的恐怖主義（Terrorism）的思想是早被預想到的了。

【註】 Marx, Elend der Philosophie (Intern Bibliothek 1906) S. 37.

第三是一八四七年末，成立於倫敦的『共產主義者同盟』（Bund der Kommunisten）的綱領。這綱領是昂格斯所起草的，在其第一條中有如下的規定。

『共產黨結成的目的，在於打倒資產階級，樹立無產階級的支

配，廢除存在於階級對立上面的舊資產階級社會，建設無階級，無私有財產的新社會。』【註】

【註】Dahn, Marx und Engels über die Diktatur des Proletariats 1920. S. 3.

這里所謂無產階級的支配是否爲獨裁，還是不明白的。在其翌年卽一八四八年二月革命之前脫稿的共產黨宣言(Kommunistisches Manifest)裏面，也沒有表現獨裁的文字。

「共產黨的第二的目的……是打倒資產階級的支配，取得無產階級的革命政權。』(三八頁)

『無產階級在以下的事上，奏其政治的支配的功效。卽次第沒收資產階級的所有資本，把全生產機能集中於國家之手，換言之，卽集中於已組織成支配階級的無產階級的手裏，藉欲盡量的急速

的增大生產力之量。』」（四四頁【註】

關於無產階級獨裁的馬克斯的見地，在這里大概明瞭了。

【註】 Vorwärts-Verlag, 1921. (Kap. 11)

馬克斯似是經過了這二月革命的試練，才確立了獨裁的觀念的。他在一八四八年九月十四日發行的『新萊因新聞』上，是最初使用所謂獨裁的文字的。

『革命以後的暫定的國家狀態是無論何時都必要獨裁政治。(Jeder Provisorische Staatszustaud Nach einer Revolution erfordert eine Dik atur, und zwar eine energische Diktatur.) 特別必要强行的獨裁政治。我們是非難康普胡健的不能夠從初就出於獨裁，而馬上打破並排除舊制度的殘澤。在康普胡健君酣睡在立憲政治的甜夢當中，被打破的黨，依其官僚和軍隊而挽回其勢力，遂至於到處挑發公然的鬥爭。……（原本有伏版字）……這權力的分立，在過渡的組織上是免不了糾紛。在王冠的背後，隱存着貴族，軍隊，官僚的反革命的奸臣。在國民議會的多數之後面，是有資產階級的控制。內閣是要求妥協。爲着代表資產階級和農民的利益而欲一舉打倒貴族，官僚及軍帥的權力，是未免太弱；又爲着防止資產階級的財政的腐敗行爲，是未免太不便，從而，所有的黨，遂什麼事都做不成的，結果而不得不自行惹起他們所要避免的衝突。……

但是，到此時，國民議會是鑑於對一天天迫着的反革命的內閣的冷淡，就迫到了不得不自行獨裁，而自行處置公共的安寧的必

要。』【註】

【註】 Neue Rheinische Zeitung, Organ der Demo-Kratie, Nr. 102. 1848, S. 1.

以上的文句是論述立憲政治不外是獨裁政治的文章中的一節。在那裏，馬克斯所說的，『革命後出現的Jeder Provisorische Staatszustand（暫定的國家狀態）無論何時都是獨裁……』這句話，便成爲以後使考茨基（Kautsky）把牠解釋爲獨裁政治不是政體，而是國家的狀態的一個原因。不僅如此，馬克斯在這裏，因了民主政治與獨裁政治的對立而主張着民主政治。這一點是必須注意的。在這一節的前後——此日新聞的第一面是對『立憲的原理』（Konstitutionelle Prinzip）的非難，卽所謂三權力的糾紛的思想——是非議着立憲政治的。可是，這新聞是『民主主義的機關』。因之，他是把立憲政治和民主政治，區別而觀察的。如上所述，馬克斯在這時是主張國民議會的獨裁，而反對立憲主義的。

馬克斯把立憲政治和民主政治，那樣區別而觀察的是在那以前的共產黨宣言中，已經述明過的。

『勞動者革命的第一步是把無產階級提高到支配階級，而戰取民主政治……』【註】

由此，更可明白他是民主主義的主張者了。

【註】 Kap. 11. (a. a. O. S. 44)

可是，從此再過了兩年，在一八五〇年三月馬克斯的有名的不斷革命論演詞中，便把民主政治看做可排斥的東西。不過，這里的馬克斯所謂民主政治是指要保持立憲政治的，立憲民主主義諸政黨而言的。卽對於這些諸政黨，欲表明革命的勞動黨(revolutionäre Arbeiterpartei) 的任務，而又這樣說着：『這個黨，卽民主黨(指一八四八年的德國自由主義資產階級政黨——）在勞動者方面，比從來的自由主義者危險得多了。』（一一八頁）又說，這民主黨是由如下的三種構成員而成。

一，以打倒封建制度和專制君主政治爲目的而追隨的，大資產階級的較進步的一部……(柏林)

二，從來，大部分以民主的聯邦的制度的確立爲其運動的目的，民主立憲的小資產階級……（法蘭克福，後爲斯特加爾特）。

三，以瑞士式的聯邦的德國共和國爲理想的小資產階級的共和主義者的小資產階級。他們是反對大資本對小資本的壓迫，並反抗

大資產階級對小資產階級的抑壓，因此，目前有所謂赤化，或社會民主主義之流言。……（民主主義諸新聞）（一一八頁）

由此可知道這里所謂民主黨是有如何內容的東西了。同時，由此點可以知道馬克斯所認爲必要的民主主義，不是指此種民主黨的了。然則，無產階級是對如上的應排斥的民主黨，應當採取如何的態度呢？這問題的論述，就是這不斷革命論的主要內容。

『革命的勞動黨對小資產階級民主黨的態度是：在要打倒共同的敵人的一派時，就採取共同動作，但在其互相要獲得的一切目標，則相爲對立。……在要變革全社會的這點，革命的無產階級是和民主的小產資產階級相背馳得很遠。……他們（民主黨——譯者）是不論立憲的或共和的，都以爲一個民主的國家憲法是必要的。因爲什麼呢？因爲這樣的憲法是爲了給與他們及他們的同盟者的農民以對土地所有的直接統制和對今日官僚所運用的各種作用的直接統制上所必要的絕對多數及民主的地方制度的緣故。小資產階級的民主政治，今後爲了革命的進展，將在德國持有顯著的勢力，這是毫無疑義的了……」（一一九——一三一頁）

馬克斯說：革命的勞動黨對於民主黨的態度是在於主張比牠進一步的政策（一三六——七頁）。【註】從這一點，我們可以知道依馬克斯便不能不把民主主義和民主黨來區別了。

【註】Mehring所編纂的一九一四年的Vorwärts版，"Enthüllungen ueber den Kommunistenprozess zu Köln Von Karl Marx." 中的附錄 "Anhang zur züricher auflage von 1885" 的第一編 "Anspruche der Zentralbehörde an den Bund vom

März 1850.”這就是關於「不斷革命論」的論文。（參照牠的一二六——一二七頁）

又再過了兩年，一八五二年三月五日馬克斯寫了一封信寄給在紐約的朋友威第美爾（Weydemeyer），在這封信中，最初使用了『無產階級獨裁』的文字。

『資產階級的歷史家是比我以前早就認定了階級鬭爭的歷史的發展。資產階級的經濟學也是早就論定了階級的經濟的解剖學。然則我在此時從新要論的是什麼事情呢？那是第一，階級的存在之聯繫於生產的撤底的歷史的發展鬭爭；第二，階級鬭爭之必然的傾向於無產階級獨裁政治；第三，這獨裁政治之不外是向進於全階級的廢除及沒有階級的合成一體的社會構成的移轉過程；……

……」【註】

在這封信中所說述的事情是大家都知道的。

【註】 Dahn, a. a. O. S. 8.

其後，在馬克斯的文獻中，暫時看不見無產階級獨裁的文句。(如後述的一樣，一八六九年的布魯美爾十八日的文章中，有資產階級獨裁的文句) 經過了十九年。在法國勃發的『巴里公社』(Pariser Kommun) 是馬克斯的獨裁政治論的最初而且最好的試驗。這革命的騷擾是一八七一年三月十八日，勃發於巴黎，而繼續到六月。那時候，馬克斯是由倫敦寫信給同志克格爾曼 (Kugelmann)，其中有如下的一段。

『如果你詳細的看了我的布魯美爾十八日那本書的最後一章，那末，可以看得出我對於法國革命的如下試驗的論述，卽我並不說像從來一樣的官僚軍事的機構（圈點——馬克斯）得由此手移於彼手，而是說這機構非被打破不可。這一點是凡大陸的國民革命的任何事實都可以適用的前提，並且這也就是我們在巴黎的英雄的黨同志的企圖。」—【註】

這封信是一八七一年四月十二日發送的。在這封信中，在『大陸』的任何國民革命都可適用的這句話，是値得注意的。英，美是沒有包含着。這因爲英，美不經過無產階級的獨裁過程而直接飛躍於民主主義的緣故罷。

【註】 Neue Zeit Jahrgang XX Bd. 1. S. 709.
Brief an Kugelmann, 1927. S. 96.

Bürgerkrieg in Frankreich, Vorwärtsausgabe. S. 135.

對於此點：在後面詳細的再論（本章第三節）吧。總之，馬克斯是以此時的經驗爲基礎而確立了更詳細的思想。這是從對於這巴黎公社的批評演說的法國的內亂（Adresse des Generalrats über den Bürgerkrieg in Frankreich）可以知道的。在那裏，馬克斯說道，巴黎公社雖然是失敗了，但牠是『本質的勞動者的政治權力，而且牠是對支配階級鬪爭的結果得來的最後被發見的政體，在牠的下面才可以完成勞動的經濟的解放。』這樣，他是在這巴黎公社中看到了在一八四七年的哲學的貧困的尾末所預想到的最後的社會，即共同團體（Assoziatron）的實現。而在其演說中，關於此點的馬克斯的論述是如下。【註】

一，淵源於中世紀的中央集權的國家權力和其所到處備置的機關，卽常備軍，警察，官僚，宗教家，司法官等，到了第十九世紀愈益發展了，但巴黎公社是有和牠完全對立的意味。

二，巴黎公社的第一的布告是以武裝的國民替代於常備軍的壓迫。

三，巴黎公社是依普通選舉，由巴黎的各區選援出來的市會而成立。牠是負經常的責任，而且無論何時都可以改選。其大多數當然是以勞動者勞動階級所認定的代表構成。

四，從來不外是政府的工具的警察是馬上脫却其全部的政治上的特質，而對巴黎公社責任，在無論何時都可以改選之外，又非成爲巴黎公社的工具不可。其他行政機關都由公社的構成員而成，且必得是取得勞動賃銀的公的勞動者。

世襲的權利和依特別的國家的級位所得的年金，是和其級位同時消滅；跟着舊政府的工具的常備軍及警察的廢除，同時又不得不打破精神的抑壓機關的僧侶的勢力。司法官亦失去其獨立的地位，而成爲被選舉，有責任，且可以被罷免的了。

五，德謨克拉西（Democracy）是由資產階級德謨克拉西進於無產階級德謨克拉西，國家是由階級的抑壓的權力的國家進於無權力的國家，而實行了制度上的原則的變更。巴黎公社的抑壓機關是多數的國民，而不是其少數。因爲多數爲抑壓者，所以不必要特別的抑壓的權力。因此，在那裏權力是死滅的。

六，所有的特權的年金制度和財政上的特權被廢除，一切的國家的官員都改領勞動賃銀。

七，巴黎公社並不是議會政治。而是同時實行立法和行政的勞動團體。將一般投票權賦給公社的全體構成員，以代有一定任期的支配階級的代表者。

八、議會主義的排除方法是並不指廢止代表機關，廢止選舉行爲的。是把議會從騷亂的蜂巢般的中間救出來，而變更爲屬於『勞動的』制度。

九、並不破壞國民的統一，而以地方是自治爲基礎而組織成的。雖爲如何的小村莊都有公社的制度。由各公社選送國民代表到巴黎。中央政府必要的若干重要的機關是並不廢止，依舊保存，作爲巴黎公社的機關，由嚴格的由負責任的官吏管掌。

十、抑壓的舊政治權力，並不祇是被打倒了。在那裏面所存在的權力的正當作用是爲着社會的存立，爲必要而不可缺的，所以非把牠歸處於對社會負責任的官員之手不可。

十一，舊政治權力是抑壓的權力，對此，巴黎公社是爲了一切的必要和利益而效力的政治形式。牠的祕訣是，牠爲本質的，和有產階級鬬爭而贏得來的勞動階級的政府，而且爲最完全的實行勞動的經濟的經營的，最後被發見的政治形式。沒有這個，則巴黎公社的憲法是不可能，而且是欺騙的。

十二，巴黎公社是依無產階級的革命而最後被發見的形式，而且在那裏才有了勞動的經濟的解放的可能。

【註】Adresse des Generalrats über den Bürgerkrieg in Frankreich, 1871 § 111. Vorwärtsausgabe, S. 94; Lenin, Staat u Revolution Kap. 111.

巴黎公社的理想，是依了無產階級獨裁所能創造的目標。據馬克斯看來，這目標和現在狀態的中間，非有無產階級的獨裁不可。最明確的說明此點的，是巴黎公社後再過三年而寫的，所謂一八七五年的哥達大會綱領批判。這是大會之前，對於綱領草案，請求馬克斯的批判的他的回信。

『在資本主義社會和共產主義社會中間，橫有由前者移於後者的革命的變革時期。牠也等於是政治的過渡時期。在這時期中的國家，是除無產階級的革命的獨裁外再沒有他途。』【註】

【註】Randglossen zum Programm der deutschen arbeiterpartei Von 1875, Von Karl Korsch, S. 82.

可是，這所謂無產階級獨裁的中間的過渡期是有如何的內容呢？

對此點，在前揭不斷革命論的結論中有如下的主張。【註】

『民主的小資產階級是要把革命盡可能的早一點終結。可是，我們的問題是要不斷的革命。卽必得等大小的一切階級都被從支配階級逐出，政治權力爲無產階級所奪取，無產階級的共同團體（Assoziation）不但樹立於一國，而且樹立於全世界的所有的主要各國家，其結果，在這些各國的無產階級的共同行動被中止，至少，重要的生產力都集中於無產階級的手裏？否則，革命是非繼續不可的。牠是不單指支配權之變更，而且是支配權的否定。並不是階級對立的隱蔽，而是階級的廢止。又不是既存社會的改良，而是建築新社會的基礎。』（前揭書，一三七頁）

【註】這所謂不斷革命（"Revolution in Permanenz"）的觀念是『新萊因新聞』一八四九年二月九日（牠是比以上的演說前一年的事）所記載的『關於格倫盟約者』

(Von dem Kölner Geschwornen）的一文，作單行本發刊的時候，添編了一八八五年七月一日昂格斯寫的序文，而在這序文中說明牠是由英國的馬克列（Macaulay）之話傳來的。即：馬克列曾說，英國的法律秩序『以革命繼革命』(revolutions heaped upon revolutions）而才告完成的這句話。（一八九五年Vorwärts版，六頁）

這樣，巴黎公社是在無產階級的獨裁，係有極重要的意義，巴黎公社二十週年紀念日的一八九一年三月十八日把法國的內亂發表於"Neue Zeit"的時候，昂格斯寫了牠的序文。而在其序文的尾末，他是這樣寫着：

『德國的敗類們，最近對於無產階級的獨裁這名詞，重又感覺着非常之恐怖。好了！諸君，諸君若要知道這獨裁政治爲如何的東

西，那末，請看巴黎公社吧，牠就是無產階級的獨裁。』【註】

【註】Marx, Burgerkrieg in Frankreich, Einleitung zur 3. Aufl. von Friedrich Engels, Vorwärts-Ausgabe, S. 184; Aktion-Ausg. S. 16; Franke-Ausg. S. 16.

這是昂格斯的無產階級獨裁論。

昂格斯是在同年所謂愛胡爾特綱領批判(Zur Kritik des Sozialdemokratischen Programentwurfes 1891.)裏面，這樣寫着：

『什麼必須愼重的，然而非常重要的要點呢？

第一，若說有某種確實的東西，那末，牠是這樣的：即我們的黨和勞動階級是單單在民主共和國的形態之下，才可以獲得支配權。不單如此，牠(民主共和國)已是在法國大革命所現示的一樣，爲了無產階級獨裁的，一種特殊形態。……』【註】

在這裏，昂格斯又把無產階級獨裁和民主共和國看作一個東西，這點是値得注意的。尤其他是具體的把法國共和國看作無產階級獨裁的特殊形態了。這點是非和前揭布魯美爾十八日裏面，馬克斯由需要國民革命的國家中把英，美，除出來的事相關聯而觀察不可的。即在這點，昂格斯是把後來成了共和國的法國，放在和英，美，同列的地位的。

【註】 Neue Zeit, 20.Jahrgang, Bd. 1. S. 11.

在上面，我是大概說述了無產階級獨裁的觀念的發展。而在一九一八年七月十日發布的蘇維埃俄羅斯聯邦共和國憲法中，即在牠的第五條（第二章）第九號中，具體的宣明了這無產階級獨裁的理論。

「俄羅斯社會主義聯邦蘇維埃共和國的，關於目下過渡期規定的憲法的，基本的構成是係有了爲着確立都市無產階級，農村無產階級及貧農團體的獨裁而存在的，而且同時完全抑壓資產階級，除去一切人利用人的制度，不許存在階級分裂和階級鬬爭的，以社會主義的社會秩序的創立爲目的的，全權的，全俄蘇維埃政治的形式。」

(Abschnitt 11. Artikel 5. § 9.)

這個樣子，以蘇維埃的觀念替代了巴黎公社的觀念。然則，這所謂蘇維埃是有如何的內容呢？據列寧講，牠是在久遠的俄國的革命過程中，從實際的經驗生出來的。牠的起源是可溯於一九〇五年的革命運動。在當時便發生了孟雪維克和鮑爾雪維克的理論的分裂。前者是否定獨裁，而後者則肯定獨裁了。這樣，依這鮑爾雪維克的理論而作

出來的革命的勞動代表機關的組織，卽是這蘇維埃。然則，牠是有如何的內容呢？列甯是如下的述明。【註】

『權力機關是在牠的萌芽期中，便已不外是一種獨裁。因爲什麽呢？因爲這權力不承認任何人所作出來的其他權力，任何法律，任何規範的緣故。無制限的，立於法律之外，像其字義一樣，建立於自己的實力上面的權力，就是獨裁。然而，支持這新的權力，及自己要努力支持牠的實力，並不如一國的軍人所把握着的統制之力般的，又不是警察區之力，又不是金錢之力，更不是傳統的制度力。那末，這力是建立在什麽東西上面的呢？牠是建立在國民大衆的力之上。這一點就是新權力和舊權力不同的地方。牠並不是對國民並勞動者農民大衆的少數者的權力機關，而不外是對少數者卽警務强壓的一團乃至特權的貴族，官吏等一羣應發生的權力，卽國民的權力。這就是對國民的獨裁和由革命的國民的獨裁相異之點。少數者獨裁的舊權力是專依警察的詭計，用權力來監督國民，而且拒絕國民的參加於權力。舊權力是有組織的不信任大衆，害怕着光明，而依靠欺騙而支持。大多數獨裁的新權力是完全依靠大多數的信任而維持，所有的大衆依最自由的，廣泛的而且强力的方法而參加於權力，而且依此而支持新權力。在那裏無何等隱蔽，無所謂祕密，又無何等制約，更無何等形式……』

【註】 Lenin, Zur Frage der Diktatur, geschrieben am 20, Okt. 1920. Herausgegeben aus Wien in 1921.

列寗是又這樣說着：『蘇維埃是無產階級獨裁的俄羅斯的形式。如果研究無產階級獨裁的馬克斯主義者理論家，實際的研究這現象，那末……牠是先關於獨裁得到一般的定義，然後理解到各個特殊的民族的形式的蘇維埃，而不妨把牠視爲無產階級獨裁的一形式，作爲批判的對象。』【註】

【註】 Lenin, Renegat Kautsky, Vulkan-Verlag, 1919, S. 25.

我在這裏，殘存着許多未解決的問題，而要移到以下的問題。

第二節　資產階級獨裁

所謂資產階級獨裁(Diktatur der Bourgeoisie)是由馬克斯開始使用的字句。在馬克斯文獻法國的階級鬬爭裏面，最早發現這字句。在那裏面他是如下的寫着。

『可是，憲法的基礎是普通選舉。普通選舉的否定，這是秩序的，卽資產階級獨裁的政黨的，最後的聲言。……資產階級是拋棄了從來以之爲自己的裝飾品，而且以之哺育他們的全能的權力的普通選舉，而且很明白的叫道：「我們的獨裁是從來依民意而成立的。但如今牠是反於民意而要强制起來。」這樣，資產階級是早已在四圍的事情上，把其立場不求於法國內部，而是求於法國外的外敵，侵略者裏面。』【註】

從這引用句，我們可以學得兩種事實。其一是認定資產階級獨裁否定普選的事，其二是有了基於民意的資產階級獨裁和反於民意而强行的資產階級獨裁的事。本來第一點是表示第二點的反於民意而强行的獨裁的過程的。而且，不能不認定實行普選的過程也並不爲資產階級獨裁所排除的事實。又在上文中特別要注意的，是法國的資產階級在外國尋求其地盤，而寧願與敵通款的事情。這點是也成爲現時法西主義獨裁的一原因，所以非注意不可。

【註】 Marx, Klassenkämpfe in Frankreich, 1848-1850, Vorwärts-Verlag, 1920. S. 97.
(Kap. 771.)

其次是在布魯美爾十八日中有資產階級獨裁的文字。在這本書附有一八六九年六月二十三日的馬克斯自己的序文。在其本文中有如下的文句。

『資產階級共和主義者的獨裁』(三二六頁)

『從一八四八年六月二十五日到十二月十日純正資產階級共和主

義者的獨裁。憲法的廢棄。巴黎的戒嚴布告。因了十二月十日波那巴爾特的大總統的選出的，資產階級獨裁的終止。』（九六頁）這是指拿破崙三世的獨裁政治而言的。

那末，拿破崙三世是得到如何的勢力的支持呢？馬克斯曾把法國的王朝和階級的關係，說明於下。（一〇一頁，一〇三頁）【註】

一，爲國民大衆富於保守的農民的王朝的波那巴爾特王朝（拿破崙三世）

二，金融的王朝的歐列安王朝（路易——菲利普）

三，大地主的王朝的布魯笨王朝（路易十六世到查爾斯十世）

【註】Marx, Der Achtzehnte Brumaire des Louis Bonaparte, Dietz-Verlag, 1921.

關於這樣的各政權的社會的基礎，已在一八四九年二月九日的「

新萊因新聞」中有所論述。

『舊政治權力——被認爲有神所賜與的特權的官僚，自主獨立的軍隊——見到了他們所立脚的物質基礎的動搖。同時，舊社會的基礎，特權的，貴族土地所有，貴族自身，農村對都市的支配，農村住民的獨立性，及一切和這些生活關係相應的立法等，乃至地方團體制度及其他刑法規定，都蒙受侵害了。因爲國民議會對牠開始攻擊的原故。

在他方面，政治權力得由這些舊社會的人之手中奪取來了。同時，君主，官僚及軍隊都失去了牠的封建的特權。而國民議會要來剝奪那些特權。於是，在舊封建的官僚的社會，和君主有同一利害關係的軍隊，官僚及貴族，不能不和君主成爲一體而實行其政變，這是一點奇怪都沒有的。因爲國民議會爲近代的資產階級社會的代表者，同樣的，君主是封建的貴族的社會的代表者的原故。而在那裏橫在着官僚和軍隊爲商業及工業的勢力所支配，而成爲其工具，更成了資產階級的單純的交易機關的，近代的資產階級社會的生活規定。………

在一個革命之後，常有反革命的存在，這是要改新其自身的，君主的生活規定。………」【註】

在其前年的共產黨宣言中，也已經敍述和上文同樣的事情，這是誰都知道的。

【註】 Marx, Von der Kölner geschwornen, 1895. Vorwärts, SS. 22–23.

布魯美爾十八日以後，在一八七三年一月寫於倫敦的題爲『政治的不干涉主義』(Der Politisohe I differentismus)的馬克斯的遺稿中，也論及資產階級的獨裁。

『在勞動階級的政治的鬥爭，採取革命的形式的場合，卽勞動者以他們的革命的獨裁替代資產階級獨裁的場合，他們便是犯了蹂躪原則的最惡之罪。因爲什麼呢？因爲他們爲滿足他們的悲慘的日常的世俗的欲求，又爲着打破資產階級的反抗，不單不放棄武器和廢止國家，反而對其國家給以一個革命的，過渡的形態的緣故。勞動者是決不可組織勞動組合(Trade Union)。因爲牠是把存在於資產階級社會的，社會的分業，使之永久化，而且這所謂分業就是把勞動者使之分散的東西，牠是事實上成爲他們的奴隸生活的根本原因。……』【註】

以上的內容是馬克斯所反對的，政治不干涉主義的主張，本來不是馬克斯自身的意見。

【註】Neue Zeit, 32, Jahrgang, Bd. 1. S. 40; Lenin, Renegat Kautsky, S. 19. 資產階級獨裁的文字的發現是大體止於以上的文獻。其次是雖沒有使用這樣的文字，但就其內容有所論述的，在此引用其一二吧。

馬克斯在一八七一年的法國的內亂中有如下的敍述。

「在他方面，國家權力的政治的特質便跟着社會經濟的變革而變化下去。就是國家權力跟着現代工業的進步，更跟着資本和勞動力的階級的對立的發展，愈益保有抑壓勞動階級的公然權力的性質和成爲階級支配機關的性質。在每次革命之後，……國家權力的抑壓的性質是愈益成了公然的東西。一八三〇年的革命是把政府，由土地所有者移讓於資本家，即由勞動者的間接對立者，移讓於勞動者的直接對立者了。……他們的令政府的適當的形態是以路易波那巴爾特爲大總統的議會主義共和國。牠是公然的階級暴力主義（Terrorism），也就是公然侮蔑多數賤民的政府。……帝國主義（Imperialiamus）是由將要勃興的資產階級社會，爲着打破封建制度，當作他們的解放工具而招來的國家權力，及極度發達的資產階級社會，爲着勞動力的奴隸化當作資本家的工具而變形國家權力的娼婦的，而且同時是最終的形態。帝政所眞正反對的便是巴黎公社。」【註】

這是論述路易波那巴爾特的第二帝政爲資本家所支持的，資產階級獨裁的意味的。

【註】 Marx, Bürgerkrieg, Vorwärtsausgabe, SS. 87-89. (Kap. III)

在這裏論述波那巴爾特的議會主義共和國是公然的階級暴力主義。這是和烏特鮑葉爾的以獨裁政治爲暴力主義之語相符合。

可是，獨裁政治並不單單是那樣的暴力主義。牠是更在一般的關係上被認定的。例如昂格斯是在一八八四年發行其第一版的家族，私有財產及國家的起源中，如下的說明民主共和國的實質的意義。

一國家是依欲制止階級鬬爭的要求而成立的東西。因爲牠是在這種鬬爭當中成立，所以，國家常是最優勢的經濟的支配階級的國家，這支配階級是靠國家而成了政治的支配階級，由這樣而獲得抑壓和搾取被壓迫階級的新手段。故古代的國家是壓制奴隸爲目的之奴隸所有者的國家。封建國家是爲壓迫農奴及農民所隸屬之貴族的機關。而近代代議制的國家是資本家搾取賃銀勞動之工具。然而，例外的，有時發現鬥爭的階級互保均衡，結果國家權力，一時似乎從兩者獨立而當調停者的時期。……

此外，差不多在全部的歷史的國家中，國民所得到的權利，都依其財產而分段階。由這點可以直接證明國家是爲保護有產者階級以對抗無產階級的機關。在雅典及羅馬的財產階級既是如此，在政治權威按照土地所有而分段階的中世紀的封建國家也是如此；在現代代議制國家的選舉權也未嘗不如此。可是，這政治上的財產差別的承認，却不是本質的。反之，牠却也是表示國家發展階段的低度的東西。最高的國家形態的民主共和國——在我們現代的社會關係上，愈益不可免的必然的要演出無產階級和資產階級的最後決戰，因此，爲着這決戰所必要的國家形態——民主共和國，在財產上並不見有何等差別。在這樣的國家內，財富是間接的奪取其權力；且是有把握的奪取。卽在一方面，使用像其古典的模範的美國一樣的，官僚的直接腐敗的形式，他方面使用政府和交易所的同盟的形式，而財富終於奪得其權力。在國債愈益增加，同時股份公司愈益把運輸乃至生產本身集中於自己的手裏，而交易所便成爲其中心的時候，政府和交易所的同盟是愈益容易完成的。……而在最後有產者階級是依普通選舉之手段而得直接支配。在我們看來，無產階級的被壓迫階級，他們解放自己的時期尙未成熟以前，祇好依從多數而承認現存社會組織爲唯一可能的東西，且在政治上則祇好當資本家階級的尾隨者，而形成其最左翼。然而，一到他們自己解放的時期成熟，他們便組織自己的黨，而不選出資本者的代表，而選出自己的代表者。這樣，普通選舉權便成爲勞動階級成熟的測度器。在今日的國家，牠還未有達到這個地步。不過，時期却老早成熟了。到了普通選舉法的寒暑表表示勞動者方面的沸騰點時，他們便和資本家一樣不知他們在什麼地方了。』【註】

卽昂格斯是認定代議制民主共和國亦在其常態，已經爲階級的支配，而且在其內部，愈益成熟着現代的階級獨裁的事實。這裏所謂代議的民主共和國，不消說有立憲民主政治之意。據昂格斯講，現代立憲民主政治卽是資產階級獨裁。

【註】Engels, Urskrung den Familie, des Privateigentums und des Staats, Intern.
Bibliot hek, SS. 180-182.

如上所述，其所使用的資產階級獨裁這文字比無產階級獨裁這文字，稀少得多，但在其內容則決沒有那麼少。然而，馬克斯，昂格斯關於資產階級獨裁的觀念，却沒有像無產階級獨裁的觀念那麼樣明瞭的證明着。讀了上述的引照文，卽至少照着馬克斯所寫的文字讀過去，則他們是否以民主立憲議會主義共和國，直接看做資產階級獨裁？或者是否以爲牠有了實行資產階級獨裁政治的可能性與機會，而且屢屢實行這獨裁的意味呢？這疑問是無從解決的。卽：問題是在民主立憲議會主義共和國乃是資產階級獨裁嗎？或者牠是依資產階級而實行階級的獨裁政治的呢？換言之，卽在於民主立憲議會主義共和國和資產階級獨裁是同一個政體的別名嗎？或者是不同的兩個政體呢！

列寧是最明白的說明了此點。

『官僚，司法組織，軍國主義，以議會主義假裝着的資產階級獨裁。』【註】

這就是牠的一例。

【註】Lenin, Werke, Bd. XXV. S 7.

列寧是在無產階級獨裁和背敎者考茨基（一九一八年十一月十日稿）裏面，最明確的使用這資產階級獨裁的文字。在其第一節有如下的一段論述。

『最初，蘇維埃是包擁了全農民。但因爲貧農的未成熟，頹嬰及無智，所以，奸商，大農，資本家，小資產階級知識階級便佔了指導地位。要達到小資產階級，孟雪維克及社會主義革命派（說明省略）的支配，這其間，尙需時日。因爲小資產階級，其經濟地位决不是自主的。所以，不可免的，浮動的，非往返於資產階級獨裁（格聯斯基，哥里諾夫，賈文哥夫）和無產階級獨裁之間不可。考茨基是在分析俄國革命時，就把「民主主義」祇定限於反面的資產階級的支配和對國民的欺騙上有效用的法理的形式的概念，而却忘記了「民主主義」實際上屢屢是資產階級獨裁，而且又屢屢是指成爲這獨裁的下層物的小資產階級及其他無力的改良主義的事情，這是在此非指摘不可。』」（六六頁）

這樣，他說民主主義，『屢屢』或『往往』（manchmal）是資產階級獨裁。在這意味，列寧是常使用「依民主共和國的援助而實現的資產

階級的獨裁國家』或『奉供資產階級的資產階級國家』（六八頁）等之用語。【註】

【註】Lenin, Renegat Kautsky, Vulkan-Verlag. 在這文獻中處處都有資產階級獨裁的文句。

再從憲法制定議會的選舉和無產階級獨裁（一九一九年十二月六日稿）裏面，引用如下的列寧的論述。

『德國』『獨立』社會黨員，及其他根本的錯誤的社會主義的指導者從那樣的前提（議會主義的前提——譯者）出發而反對『少數獨裁』的不絕的悲鳴及一切和牠相類似的許多事情，是不單因爲這些指導者自身不能理解在民主主義的共和國事實上支配着的資產階級的獨裁，並且因爲更不曉得用階級鬥爭的手段可以否定這獨裁的

方法的緣故。』（一三三頁）

卽在這裏，列甯是主張：這樣的議會主義改良主義者『關於所謂民主主義及憲法制定議會的事情，究竟不外是大地主和資本家的獨裁。』【註】

【註】Lenin, Die Wahlen Zur Konstituierenden Versammlung und die Diktatur des Proletariats, (Westeuropäische Sektion der Kommunistischen Internationale 1920)

在這裏，理想的問題是解決了。還有殘餘的問題，就是發現於巴黎分社Kommun出現前的過渡期的政治形態的無產階級獨裁，何以成爲他們所肯定的民主主義。考茨基是否定牠爲民主主義，但列甯是怎樣說明呢？他是這樣講：

『蘇維埃權力所以成為一種無產階級民主主義，是因為牠眞正為國民的絕對多數的民主主義的緣故。』【註】

因為什麼呢？他說，因為『國民即國民大衆，換言之，一種無組織的，「偶然的」集合於一定場所的大衆，自行直接的出現，自行裁判，處罰，執行權力，而作出新的革命的法律……』，所以，牠是民主主義。

【註】Lenin, Renegat Kautsky, S. 15.

然則，牠何以同時成為獨裁政治呢？這因為牠是除開了『肉體的敗北者，精神的萎縮者，道德的鈍感者，等等……』的『革命的國民的獨裁』，『而不是全國民的獨裁』的緣故。並且，因為牠是不給全國民以何等恐怖，在全國民上安放其基礎……而且不單全國民踴躍參加行

政，並且更『可以參與其權力和國家創成的事業』，是在這樣的關係上面實行的政治。【註】

【註】 Lenin, *Zur Frage der Diktatur*, Wien 1921. SS. 15-16.

我們如果以爲立憲政治是實行資產階級支配的東西，而又存在着比較大衆的無產階級所實行的支配，那末，不能不認定後者是比前者較爲民主的。因爲什麼？因爲民主政治並不是少數的支配，而是多數的支配的緣故。並且，如果無產階級獨裁是有非常過渡的權力的支配的意義，而可以實行於無產階級大衆的基礎上面的話，那末，像在立憲民主主義下可以實行合法的特命的獨裁一樣，無產階級獨裁也並沒有不可以實行於民主主義基礎之上的理由。

在此點，我們便看到考茨基的誤認祇以立憲議會主義的近代的民主政治，爲民主政治的形態，而忘却了在立憲主義下也可『屢屢』而又合法的——行着獨裁政治的事實。

在這裏，我們大概認識了民主主義和獨裁的關係，及以議會及普通選舉爲前提的民主主義和『不以他人當作自己的工具』的民主主義的區別。然而，如今還要更詳細的考察這個問題。在此先把資產階級民主主義或資產階級立憲主義『屢屢』陷入於資產階級獨裁的問題，牽記在念頭，而要進行論述。

民主主義爲何這樣被稱爲資產階級獨裁呢？民主主義的意思是多數的支配，資產階級獨裁的意義是少數的支配。爲什麼牠被稱爲同一樣的東西呢？這是在上文中已經解釋的問題；但因此爲重要的問題，所以想再把牠詳細的考察一下。

在上面所引用的馬克斯，昂格斯及列寧的文句中，民主政治很明顯的被使用於二種意義上。卽在哲學的貧困，共產黨宣言裏面是說，非戰取民主政治不可。但又在『新萊因新聞』，不斷革命論裏面則表示排擊立憲政治及民主黨的言辭。而且，列甯是在背敎者考茨基及其次文獻中，很明白的否定議會主義和普通選舉，但在他方面還說，無產階級獨裁乃是民主政治。又馬克斯在哥達綱領批判中，把『卑俗的民主主義』(Vuläre Demokratie)與『卑俗的社會主義』對稱。【註】

【註】 Karl Korsch, a. a. O Ss. 27. u. 33.

而且看昂格斯的哥達綱領批判，他非難在綱領中所使用的"Volksstaat"(國民的國家)(四〇頁)"rein demokratisch"(純粹民主的)(四一頁)，"Freie Volksstaat"(自由的國民國家)(同上)等的語句。

『尤其是Commune已經不是本來的意義的國家。……故不成什麼意義。所以，我們是想要主張Gemeinwesen（公共團體）這名詞，以替代國家。這名詞是有了和法國語的Commune這名詞所表現的意味完全同一的意味的，是德意志的古語。』【註】

在馬克斯的哲學的貧困中，使用所謂“Assoziation”即英語的“Association”（共同團體）這名詞，以替代國家，這是上面已說過的。

【註】Engels, Ueber den Entwurf des Gothaer Programm, Karl Korsch, a. a. O. S, 42.

並且，昂格斯在科學的社會主義的發展中同樣地排斥“Freie Volksstaat”【註】但在愛胡爾特綱領批判中，却認定戰取民主政治的必要，又說在成了民主共和國的法國不必要暴力革命。（前揭書）

【註】 Engels, Entwicklung des Sozialismus von der Utopie Zur wissen Schaft, Vorwärts-Verlag, S. 49.

對於民主主義及和牠相關聯的語句，那樣的各別的使用，是基於如何的原因呢？對這問題的解答，在馬克斯的法國的內亂中，有很簡明的說明，就是：他在那裏區別了『無產階級德謨克拉西』和『資產階級德謨克拉西』。而且他所思考的『無產階級德謨克拉西』的理想，要而言之，就是Commune。又『資產階級德謨克拉西』是指立憲民主政治的意義。

第三節　法西主義獨裁

建立於普通選舉制上面的議會主義立憲民主政治——更加上另一

要素卽比例代表制度的——便已經『屢屢』是資產階級的獨裁政治，但更隨着資產階級政治勢力的伸張，此種民主主義也就被否定，於是所謂『反民意的强制的資產階級的獨裁』就出現了。在這過程中，我們見到法西主義獨裁政治的成立。

如上面所述，黑爾曼惠列爾及斯福爾查把現代法西斯蒂主義獨裁的一原因，可於反對議會主義中求之。這是人們已經在各國的法西斯蒂主義運動中所看到的，在事實上，法西斯蒂確是向着反對議會政治和反對選舉萬能主義的目標，下着最尖銳的攻擊。牠是很明顯的進行於從來以議會政治的發展和政黨政治的確立爲目的之政治過程。所以，法西斯蒂主義獨裁的出現，正是表示着資產階級獨裁的一新過程之發生。不消說牠不外是從來由議會中心主義及政黨政治推進下來的立憲資產階級獨裁的更發展，而且銳利化的資產階級獨裁，這可以明白的想像到，不過，彼此之間，在其獨裁的形式上，總難免有多少不同之點。這不同點，已在前面述過的獨裁政治的二種類，即特命的和主權的之不同爲其本質。如上面所述，主權的獨裁是特命的獨裁的强化發展後的形式。由政黨政治到法西斯蒂主義的發展，正是表示着這種意義的發展。

然而，法西斯蒂主義並非單純的資產階級獨裁的形體，這在其構成及傾向上也可以看到。對此點有兩種見解。就是巴秀加尼斯（Paschukanis）和李巴伊（Lippay）的主張。

巴秀加尼斯是這樣說：『比意太利的議會主義的作爲，更有效果的招致資本家權力的確立……同時，法西斯蒂獨裁是表現資本主義倒壞及沒落過程的帝國主義段階的東西。』【註一】可是，李巴伊是一方面承認『法西斯蒂主義是存在於戰後帝國主義的一般的危機階段的資本主義的政治的上部構成』【註二】，但另一方面主張：『這是立於由金融資本給與特權的小資產階級的直接指導之下，他們在其集團利益上，開始和資產階級相結托，這更於是在小資產階級大衆之下便能造出資產階級的法西斯蒂的使用人。』【註三】就是說，從來由議會所結成的大資產階級和小資產階級的結托，有了法西斯蒂主義，在議會外也就發見了新的協動的方法。

【註一】J. Paschukanis, Zur Charakteristik der Faschistischen Diktatur, (Unter dem Banner des Marxismus, 20. Nov. 1926) S. 315.

【註二】Z. Lippay, Ueber die faschistische Herrschaft der Bourgeoisie (Dieselbe,

V.,) S.52.

【註三】 Idem. S. 55.

這兩人的主張的相異處，是在法西斯蒂主義獨裁裏面，卽一方是祇認定大資產階級的要素；另一方則除認定大資產階級的要素外，更認定中間層的任務。就事實觀之，法西斯蒂主義的中間層的任務是到底不可以否定的。意太利的法西斯蒂主義最初由中間層發展的，這是有許多事實可以例證的（第三卷參照）。德國的希特勒運動亦以小資產階級爲中心勢力，這也是由各種事實可以舉證（第四卷參照）。並且，這樣認定法西斯蒂主義獨裁中的中間層的任務，纔能夠正確的理解資本主義的帝國主義階段的，政治危機的狀勢。關於此點想在次章以下詳述，故在這裏祇就那樣特殊的法西斯蒂主義運動的形體依如何的經歷而發生的問題考察一下。

法西蒂斯主義運動是已於一九一四年十一月發生於意太利。這恐怕是法西斯蒂主義的最早期的表現吧。觀察當時的產生出莫索理尼的理論的意太利的思想界，則有馬克斯主義和工團主義，民族主義和國際主義，克列利加理主義（宗敎尊重主義）和唯物論等的對立。但其一般的傾向是工團主義，民族主義及舊敎（Cathalic）復興的氣運最爲成熟。而這些氣運是基因於指導着參戰論的親法主義的思想的勢力。

本來，法西斯蒂主義者們是從國粹主義的見地，不僅不喜歡說牠在法國思想影響下發展，反而積極的否定。然而，事實上受其影響，是免不了的。

法國的思想中，給意太利的法西斯蒂主義以最强力的影響的，是沙魯莫拉(Charles Mauras)的『愛克遜法蘭西斯』(l'Action Francaise)，特別是依查爾支瓦羅(Georges Valois)而接近於蘇列爾的工團主義的莫拉。【註】

【註】Waldemar Gurian, Der Integrale Natioralismus iu Frankneish, 1931.

『愛克遜法蘭西斯』的愛克遜即運動(l'Action)是起因於舊教的平信徒的組織(約翰莫德所指導的新教徒(Protestant)的青年會YMCA等組織)運動的。牠的出現是可溯於一八九九年六月二十日。那時候，創立了以漢利保朝亞(Henri Vaugeois)爲總主幹的『法蘭斯愛國聯盟』(Ligue de la Patrie Francaise)這是右翼國家主義者的聯合團體。而包含了魯美特爾(Jales Lemaitre)，巴萊(Barrès)，哥配(Coppeé)等所指導的知識階級層的愛國者團體。這樣發行了當時的雜誌『愛克遜法蘭西斯』。更至一九〇一年，牠更發展爲今日的『愛克遜法蘭西斯』，而由沙魯莫拉完成了牠的綱領。再至一九〇六年，開始發刊今日所看見的日刊紙『愛克遜法蘭西斯』。

這團體的理論是建立於反謝米齊主義，法國國粹的克列利加理主義（宗教尊重主義）及歐列安尼主義（君主主義）上面的，但回顧其思想史的發展，牠是淵源法國大革命後，拿破崙第一世所復興的加利卡尼主義（舊教國粹主義）的，在宗教方面是舊教，但和烏爾特拉門它尼主義（Ultramontanism）一樣，不主張羅馬法王中心主義（De Maistre所創立的），而主張法蘭斯國教主義。所謂烏爾特拉門它尼主義是法國大革命後，成爲貴族僧侶的反動運動而發展的羅曼蒂主義（中世復古主義）的政治運動，牠是極端的排斥立憲自由主義的近代思想，把神的宇宙經綸和自然界的法則的發展相聯結，以爲這是神意的在地上的發展。更立於理念和法則，理想和現實的觀念的辯證論上，作社會之歷史上的，有發展的並且是自然因果的觀察，這就是牠的特徵。所以，極度的排斥國家契約說，天賦人權論，個人平等論，新教主義，理知主義等，而主張輕人爲而重天成的發達，輕平等而重等族的支配，輕分散而重統一。又把社會國家看做有機體的，把社會歷史，依自然科學的方法，和因果法則去觀察。

加利卡尼主義（Gallicanism）不過是把這羅曼蒂主義的世界主義改變爲民族主義，法蘭斯國粹立義罷了。在德國，早已因了拿破崙的解放戰爭，而得實行這羅曼蒂主義的國粹化，並出現像乖來斯（V. Görres）那樣的人物。愛克遜法蘭西斯，可以說正和在德國的乖來斯一樣的立功勳。特別促成這種國粹主義的，是杜來休斯（Alfred Dn-eyfus）事件。猶太人軍人杜來休斯因有賣國行爲的嫌疑，受了流刑的判決，這是一八九四年的事。而以文豪查拉等的犧牲的努力，得再付審，一八九九年九月九日再受有罪的判決。到了一九〇六年七月十一日得到最後無罪的判決，而這事件被認爲是『愛克遜法蘭西斯』發展的好機會。【註】

【註】 Waldemar Gurian, Der Integrale Nationalismus in Frankreich, 1931.

並且，愛克遜法蘭西斯是站在反謝米齊主義的立場，絕對的攻擊由法國革命發展下來的新敎的議會主義。所以，這黨是元來不干與選舉鬥爭，而不外是主張絕對君主主義的非屬政黨的政治結社。然而後來漸次認定議會鬥爭的必要，而到了最近，遂支持右翼民族主義卡鐵爾（Cartele）。在其黨員中也有當右翼政黨的支持者而佔得議席的。

然而，在大戰前由黨的領袖查爾支瓦羅，發起了綱領的改革運動。本來沒有何等關於經濟的社會的綱領的這一個黨，要反映新的時代的要求。他的試驗是要聯結莫拉的右翼反政治主義和蘇列爾的左翼非政治主義。爲着這企圖而寫的，就是一九一一年出其第一領的君主主義和勞動階級 La monarchie et la Classe Ouvriére, Paris, 2. éd 1944）在那裏所主張的，是要結合莫拉的舊教民族主義和查爾支蘇列爾（Georges Sonel）的工團主義的，而除愛克遜法蘭西斯本來所保持的君主主義，反謝米齊主義，反議會主義，民族主義及舊敎的國粹主義外，更加上了由工團主義轉來的『機能社會論』。並且在實際運動上，把黨的組織由知識階級層伸張到生產者階級。瓦羅的工團主義運動最初試驗於一九一八年的『法國生產者民族聯盟委員會』(Comité de la Conbéderation Nationale de la Production Française)，到了一九二〇年遂作成了知識階級層和生產業者會議的法西斯蒂主義——工團主義的計劃。一九二二年組成了所謂『等族議會委員會』(Comite des Etats Genenaux)，再到一九二五年十一月十一日，最初組織了『參戰者及生產者菲蘇』(Faisceau des Combattants et des Producteurs)。在這年十月七日，他們和愛克遜法蘭西斯分裂。這樣，刊行所謂『新時代』的日刊新聞，一時是很隆盛，但不久，未見其充分的發展，遂至於衰頹了。

我們把這愛克遜法蘭西斯黨內部的，一九一九年以後發展的瓦羅的右翼工團主義，看做法西斯蒂主義的理論的源泉。在其名稱上，也把它叫做法西斯蒂主義的。現在觀察瓦羅的『菲蘇』建立於如何的主張上面，則牠不消說已經是和愛克遜法蘭西斯黨有許多對立的東西。然而，由牠承繼而發展的亦甚不少。

在上揭『等族議會委員會』的聲明中，有如下的三個主張。【註】

一　代議院的解散

二　由政黨及階級獨立的，民族的獨裁

三　等族會議（Etats Generaux）的召集

【註】Valois, l'Etats syndical et la Représentation Corporative, P. 324.

這等族會議的構成是『以由家族的戶主和各生產業者的代表者成的，等族會議構成』的。【註】

這理想是事實上照樣的被適用於意太利的新地方制度。

【註】 Idem, P. ×LI; PP. 139-177.

照這樣看，牠是已經企圖着獨裁的，急進的變革。然而，在意太利的法西斯蒂主義的成熟上必要的環境，在法國却是缺乏。所以牠在意太利會繁榮，而在法國却歸於失敗了。

如此的，以法國的愛克遜法蘭西斯爲其母胎而生出來的法西斯蒂主義運動是經過意太利，而發展於德國，更蔓延於奥地利；可是奇怪得很，他們是互相主張自己的獨創（Origirality）而糜亂着牠的發展系統。這可以說是法西斯蒂主義所保有的，國粹主義的不得已的要求吧。由此，我們可以知道所謂國粹主義也不外是自從黑格爾時代以來的外來的輸入思想，我們是有不要過信他們的自負的主張而忘却其所由來的淵源的必要。【註】

【註】第四章第三節參照。

我們從這樣的沿革的參察，已經大概的知道法西斯蒂主義在現代社會有如何的政治上的目的了。『愛克遜法蘭西斯』是對法國革命的反動的封建主義，同樣的，現代法西斯蒂主義也不外是對俄國革命的反動的近代主義，卽要固守資本主義最後陣營的，變形的資產階級獨裁。變形的資產階級獨裁是指『反於民意而强行的』資產階級獨裁。這是瀕於死淵的資本主義的，非常的支配。

然而，我們在這裏，關於這樣的主張，還殘存着許多非考察不可的問題。

一　什麽是牠的變形的，瀕於死淵的資本主義呢？

二　爲什麽這變形的資本主義，非採取那樣變形的政治形態不可呢？

三　爲什麽牠是！民族主義和社會主義的全體爲必要呢？

四　牠旣然是資本的獨裁，那末爲什麽要採取中產階級層運動的表現呢？

五　而牠的機能國家的目的是如何的呢？

此外，還有許多問題殘存在後。

要而言之，法西斯蒂主義獨裁的特徵是存在於以下諸點。

一、牠是主權的獨裁，而否認已不足以支持資本主義的立憲政治，要作出可以替代牠的新的政治形體的手段的，過渡的政體。而且同樣的認定暴力革命，以大衆的結成爲目的，要驅進於這目的之下。這樣，大唱所謂『羅馬進軍』，『柏林進軍』，『瓦薩進軍』，又如芬蘭的

『拉波』運動，『赫爾森法斯進軍』等。

二、牠的過渡的獨裁政體是由統制經濟的必要，採用機能的集權主義的政體。基爾特社會主義，工國主義是機能分權主義，但牠是機能集權主義。卽結成以產業爲本位的勞資合同的組合，以牠爲基礎，而以由牠選出來的代表者，構成「團體議會」(Corporative Parliament)以這機關看作代替拉舊議會的東西，而設立於以獨裁者爲中心而組織的專權的執行機關旁邊。蘇維埃也是和牠同樣，在無產階級及農民階級內部認定機能的代表制度，而以其代表者組織專權的蘇維埃，對牠給與立法司法行政上的最高權，但法西斯蒂的所謂「團體議會」是因爲在執行機關握有專制的權力，所以牠祇不過是無力的顧問的裝飾物。以前者爲民主的，而以後者爲君主的理由，就在這點。

三、主權的獨裁的法西斯蒂主義國家，當然是以武裝爲必要。好像俄國有Gpu……和赤衞軍一樣，法西斯蒂主義是和武力聯結着的。沒有武力，便不得有革命和政變(Coup d'etat)。意太利的黑衣隊，那徹斯的衝擊隊（Stosstrupp），波蘭的「防衞團」(Defeusive)，美國的「利衞」(Legion)等，都各有各的暴力主義（Terrorism)的組織。

第三章　獨裁主義與帝國主義

第一節　帝國主義的段階

法西斯蒂主義是變形的資產階級獨裁。然則，爲什麼今日資產階級獨裁非變更其政治形態不可呢？那是如阿德拉及格爾蘭所說的一樣，因爲獨裁政治是『階級支配的附隨物』，是因爲今日的資產階級支配的社會的構成上發生了變動的原故。然則，這稱的社會的變動是有些什麼意義。這便是帝國主義（Imperialism）的發展問題。列甯是這稱說過：

『帝國主義是有把一般的民主政治掉換爲客寡政治的傾向』。【註一】

『帝國主義是否定一般的民主主義的』【註二】『帝國主義和民主政治是互相矛盾的』【註三】『無產階級政權成長的政體，是在民主政治之下……沒有被壓迫階級而獨裁政治便不能成立』。【註四】

「其完成的時期是……現代帝國主義戰爭發展到內亂，牠是唯一的，而且正確的無產階級的解決，而巴黎公社的成立也就是這個樣子了。【註五】

【註一】Lenin Werke, Bd. XIX. S. 251. (Veber eine Karikatur.)

【註二】Idem S. 248. (Ibid)

【註三】Idem S. 252. (Ibid)

【註四】Lenin, Werke, Bd. XVIII. S. 310.(Vereinigte Staaten V. Europe.)

【註五】Idem, S. 161. (Resolution.)

胡布遜(Hobson. J. A.)是這樣說：「帝國主義引起專制政治，並且使議會政治，政黨政治難於實行的」，【註一】黑爾法鄧(Hilferding, R.) 說：「帝國主義是金融資本的寡頭政治，在各國的內部，作成大資本的獨裁，並且，牠是成爲進到無產階級獨裁政治的過程」。【註二】考茨基 (Kantsky) 又說：「金融資本是有偏於專制的國家權力的傾向」。【註三】

【註一】 J. A. Hobson Imperialism, BK. 11. ch. 1.

【註二】 R. Hilferding, Fmanzkapital, S.

【註三】 K. Kantsky, National-Staat, Imperialistischer Staat und Staatenbund. S. 23.

然而，在馬克斯主義的帝國主義論未被認定以前，其主張又爲如何？關於這方面的研究的最有名的著作，是法國的謝利愛(Seilliere)的帝國主義的哲學，此書是由一九〇三年到一九〇八年經過了五年才出版的四卷的大著。在那裏面，他把帝國主義分類爲六種，而認定帝國主義有發展的階段。他所分的帝國主義的六階段是如下：

一、人種鬥爭(Rassenkampf)的帝國主義（哥比．諾Gobineau的「人種不平等論」Gobineau. I ssai sur I inegalite des raeeshumainei, 2. Vols. 1853-55.)

二、天才支配的帝國主義（尼來）

三、民族主義的帝國主義（曼法威爾(Mandeville)「蜜蜂的故事」(Mandeville, Fable of the Bees.)

四、民主的帝國主義（盧梭）

五、無產階級個人主義的帝國主義（蒲魯東）

六、無產階級的帝國主義（馬克斯）

這樣看來，帝國主義決不是單獨指現代的資本主義高度的階段的了。盧梭時代的十八世紀正是資本主義剛剛開始的初期時代。【註】

【註】Ernest Seillière, Philosophie des Imperialismus, Tome 1.

更看哥倫比亞大學教授門恩（Moon）最近所著的帝國主義論，則他是把帝國主義追溯到十六世紀的鍊金術時代。他是這樣的劃分帝國主義的階段：

一、第十六世紀的中世商業都市移於民族國家的過程中，波爾特加爾伊斯巴尼亞霸權時代的帝國主義。其特質是海上航路的開拓，鑛山的探險，貴金屬的蓄積，——鍊金術爲這目的而發達。

二、第十七世紀，重商主義的帝國主義。貴金屬蓄積方法的發展——從練金術一樣的原始的手段推移到政治的經濟政策。保護政策，武力充實，人口增殖，獲得殖民地。殖民政策的帝國主義。

三、由第十八世紀到第十九世紀前年的自由主義旺盛時代的帝國主義。馬爾薩斯人口過剩論。重農學派及亞當斯密斯（Adom Smith）的公海自由論。遂被認定海洋自由，不干涉內政主義了。可是，依自由競爭的獎勵，而殖民地爭奪，生產原料的爭奪，餘剩生產的販路獲得，爲着國內人口過剩的殖民地爭奪便激化起來。

四、從第十九世紀後半期到現代的基於金融資本主義的發展的帝國主義。投資地的爭奪，金融的國際的流動，其所必要的抵當物的保證及市場的確保，金融勢力範圍的保護等國際政治糾紛。少數資本家的國際政治的支配。杜威斯案，楊格案，利權政策，投機，金融恐慌。

【註】Parker Thomas Moon Imperialism and wolld Politics, 1929.

然而，更追溯到希臘及羅馬時代，亦早有認定帝國主義的，就是把馬基亞伯利的權謀術數論 (Staatsräson. raison d' Etat) 看作帝國主義的觀念，因爲這思想淵源於希臘的茨基齊德斯，並且可以看做羅馬的"Ratio de stato"的觀念的發達的緣故，這樣以爲所謂帝國主義，在古代的政治上也是存在的。這就是從來在政治學上的帝國主義的定說。【註】

【註】Mfineche, Lehre Vom Staatsräson.

然而，打破這個觀念而唱道全新的帝國主義論的，是最近的馬克斯主義。馬克斯是在「法國的內亂」中，如下的定義帝國主義：「帝國主義是娼婦的，同時是最終的國家權力的形式(die Schliessliche Form der Staatsmacht) 卽牠是在將要勃興的資產階級社會，爲着打破封建制度而作他們的工具，又在更完全發達的資產階級社會，爲着勞動的奴隸化而作資本家的工具的國家權力的最後的形式」。【註】就是說，資本主義的最後段階的國家權力的形式就是帝國主義。

【註】Marx, Burgerkrieg S. 89.(前揭)

在這種，問題便發生糾紛了。卽發生了資本主義初期及資本主義以前的問題是到底如何解決的問題。其實在馬克斯自己的文獻中，對此點已經是缺乏明瞭。馬克斯大概在「布魯美爾十八日」(一八六九年)

裏面最初使用帝國主義這名詞的。其中這樣說着：『在奧列安黨的機關報，『民族』一派中，暗藏着帝國主義的』（一八頁），又這樣說道：『共和國就不外是後古政府和七月君主政府兩個不名譽的，而又一種有帝國主義的儀禮的結合君主政治』（三一頁）依此看來，帝國主義是君主政治——奧列安（七月君主政治）和布魯笨（後古政府）兩王朝相結合而成的東西。這些都是法國立憲政治創設時代的王朝；正在資本主義初期的。不僅如此，更在同文獻中說道：『波那巴爾特的勝利，是王政後古的狂詩的帝國主義』（九七頁）。卽牠是和後古王朝有關係的。然而同時在該文猷中更有所謂『農民階級的帝國主義』的字句。（二〇四頁）君主國是帝國主義嗎？民主共和國是帝國主義嗎？在其二年後的法國的內亂中有比較詳細的定義，這定義若是正確，那末，帝國主義是很容易和民主共和政治相聯結的。

不僅如此，我們更在現代列甯的文獻社會主義和戰爭(Sozialismus und Krieg. 1915) 中便可以看出如下的敍述：

「現代資本主義的帝國主義，表現於俄國的在略波奪蘭及侵略蒙古的努力中可以看到。而大體上在俄國占有全體的優勢的，是封建的，軍事的帝國主義 (Militär-und Feudal Imperialismus)，像俄國一樣支配着許多民族的國家，是在全世界所沒有。對這許多異民族的壓抑和略奪的可能性，便使俄國經濟的停滯更延長了。因爲不依靠某種生產力的發展，祇依靠對異民族的半封建的略奪而求得利潤。因之，俄國的戰爭也是有上述一樣反動的，保守的性質」。【註】

列寧在這裏是認爲『封建的軍事的帝國主義』。並且，這關於俄國所說的觀念，同時在他國的封建時代也可以說得通的。現代的俄國是例外的，但在封建時代，俄國是和其他的國家無異。在民族國家完成以前，一切都如列甯說的一樣，國家是依異種族的略奪而發展的。如果這過程可以稱作帝國主義，則馬克斯在法國的內亂中的定義不能不成爲無意義。

【註】 Lenin Samtliche werke, XVIII. SS 255-256.

因爲有了這樣矛盾的事情，所以把帝國主義的政治觀念弄得很曖昧。這樣的疑問，不單是今日我所提出來的。對這問題的解決，早就有人試過的了。最初對牠作一個提案的，就是考茨基。他從一八九七年到翌年，在『Neue Zeit』誌上發表舊殖民政策和新殖民政策（Alteve und neuere Kolonialpolitik）一文中，把帝國主義分爲『新』和『舊』兩種。據他講，馬克斯在資本論中把資本分爲工業，商業，金融資本三者。但金融資本是沒有獨自性，故或和工業聯結，或和商業結合而作帝國主義的表現。於是資本主義的初期是爲商業的帝國主義，後期，則成爲工業的帝國主義。並且，所謂工業的帝國主義，是工業國家支配農業國家的過程。【註】

【註】“Sozialismus und Kolonialpolitik” 1907;“Der Iamperialismus”（Neue Zeit 1914）

從來考茨基分帝國主義爲商業的帝國主義（舊的）和工業的帝國主義（新的）。可是，到了一九一四年在“Neue Zeit”誌所發表的論文帝國主義論（Der Imperialismus）中，他已經改變其說了。卽不說舊和新的帝國主義，而以舊帝國主義爲民族主義。並且以爲工業資本所反映的，卽不管何種民族，工業資本對原料生產地和生產品販賣地的農業地域之支配便是帝國主義，同時以民族主義爲民族的領土擴張而和帝國主義區別。在這裏，開始把『民族主義』(Nationalismus)和『帝國主義』對稱。然而，大戰的勃發，更使他改變其說了。有人說考茨基變了在四年前出版的黑爾法鄧的金融資本論之影響，總之，考茨基就是倡道所謂『超帝國主義』(Ultraimperialismus)。要而言之，他以爲是金融資本發達的結果，國際的金融資本替代了民族的金融資本，國際金融資本的爭霸戰，替代了民族戰爭。在這裏隱伏着第二次世界大戰的危機，但同時，國際協調主義的希望也很濃厚。卽在這裏，他是否定帝國主義而進一步的考察牠的前途了。【註】

【註】 K. Kautsky, Zwei Schriften zum umlernen (Neue Zeit, April 1915) K. Kautsky Nationalstaat, Imperialistischer Staatund Staatenbund 1915.

所以我們得常常想到帝國主義本身的階段的發展，並承認在那裏有某種什麼的存在。

即在一九〇二年，胡布遜也在其所著的『帝國主義論』中，很明顯的把『新帝國主義』和『舊帝國主義』相對比。其不同點是如下：

一、放棄一個在增大的至上權的野心，便出現了各各在追求政治的擴張及商業的利益的，幾個武裝的至上權的對立。

二、金融的利益或投資的利益比較商業的利益重要。

【註】 Hobson, Imperialism. BK II ch. 1: Lenin, Imperialsmus als jungste, Etappe, 1921 SS. 93-94.

黑爾法鄧的金融資本論不消說是把馬克斯的帝國主義論從經濟學的見地使之發展的東西，可是，把牠從政治學上看來，則牠的主張是確定法國的的內亂的主張的，而不能夠解決上述的矛盾。依他來講，帝國主義不外是金融資本主義。而金融資本出現的過程，是卡鐵爾．托拉斯的發達，保護政策的盛行，民主主義的衰頹。那就是社會經濟統制化的過程，而且是資本主義獨裁政治的國際的發展。【註】然而，這樣的卡鐵爾．托拉斯化的過程，已經是在一八九一年六月廿九日，昂格斯的愛胡爾特綱領批判中喚起了注意的問題。【註】

「如果我們把視線從股份公司移到支配和獨裁占全產業領域的「托拉斯」，則私的生產不單是走不通，而且更表現其無計劃。

【註】Neue Zeit, Jahrgang XX. Bd. I S. 8.

不僅這樣，更是四十二年前馬克斯已經在一八四九年四月四日的新萊因新聞所載的賃銀勞動與資本中（參照後揭）主張企業獨占化過程的發展。所以，這樣的過程，不能不認爲並不始於現代，而早已爲資本主義本身的本質的東西而發展着的事情。

列甯是和考茨基的一九一四年的帝國主義論中所說的一樣，主張民族主義和帝國主義相對的必要。在同年十月十四日寫了無產階級與戰爭問題的報告。在那裏面列甯稱從十八世紀末到十九世紀時代的戰爭爲「民族戰爭」（Nationaler Krieg），說牠是打破封建制度而樹立近代的民族國家的戰爭，故名之爲『民族主義』（Nationalismus），並且以十九世紀末到現代的資本主義的過程爲帝國主義時代，而名此時代之戰爭爲『帝國主義戰爭』（Imperialistischer Krieg）。【註】

【註】Lenin, Referat ueber das Thema,, Proletariat und Krieg（Werke Bd. 18）

在翌年一九一五年的『俄國社會民主勞動黨柏林世界會議的決議』中更明白的說帝國主義時代的資本主義，不是過剩生產的輸出，而是過剩資本的輸出。【註】

【註】Resolution der Konferenz der Qusslandssek ion der SDAP.R.（Bern. 1915.）

Lenin, Werke. Bd. 18. SS. 159-161

又在同年的社會主義戰爭中，列甯已經說：帝國主義是獨占資本主義（Streben nach Monopolen），而不是民族主義時代一樣的是爲自由貿易的。【註】

【註】Lenin, Werke, Bd 18 250.

又在一九一七年出版的資本主義最高（最近的）段階的帝國主義中

更實際的明示了時期。【註】

一　一八六〇到一八七〇年是自由主義和獨占資本主義的過渡時期，而資本主義是從前者移到後者的。

二　乘着一八七三年大恐慌的機會，卡鐵爾是顯著的發達，然而，牠尙屬例外的。

三　經過十九世紀末的好景氣時代後，便發現一九〇〇年乃至一九〇三年的最後的恐慌。從此，卡鐵爾便成爲全般的東西，而現出資本主義的帝國主義段階。

【註】Lenin Der Imperialismus als jungste Etappe des Kapitalismus, 1917 & 16;
Der Imperialismus als höchste Stadium des Kapitalismus（Werke, Bd 19）

馬克斯的賃銀勞動與資本追溯到比以上任何一個還是先前的時期

的，據列甯講，那是包含於以上的第一期，而昂格斯的愛胡爾特綱領批判是該當於以上的第二期的，卡鐵爾祇是例外的存在的時代。在這裏，我們不能不認爲馬克斯說「資本主義最後的國家形式是帝國主義」的時候，這時代早就開始了。對於以布魯本及奧列安及波那巴爾特等諸王朝爲中心的時代的各種政治勢力及農民階級，是站在怎樣的勢力圈這問題，馬克斯在布魯美爾十八日裏面答覆說：——那不外是促進獨占資本主義的勢力——這樣看來，至少在馬克斯自身——解決了以上的矛盾。因之，今日的帝國主義段階，在約百年以前，便可以充分看到的現象，而的確不是現在的新的問題。

但在這裏還殘餘着一個問題，這便是列甯的『封建的軍事的帝國主義』⑴的觀念。在其他的國家已經發展着帝國主義的時候，而俄國還是處在這種特異的狀態底下。然而，不能夠以這樣的理由而把牠稱爲帝國主義的。現在，中國及印度等的後進國家，也是在封建制度和民族國家間徘徊着。並且，其政權是依異種族的掠奪被支持。那是和列寧所說的俄國並無不同。如果說牠是帝國主義，則無論加上如何的形容詞都是反於帝國主義的本質的。同時，在其反面，便又發生怎麼樣稱呼這樣的時代，這樣國家，這樣過程才可以明示帝國主義的一般的概念的問題。

在這裏，我想把我自己的結論寫了出來。就是最低限度國聯於所謂帝國主義的略有三個段階：

一　封建的，即資本主義以前的段階。

二　民族主義的，資本主義初期的段階。

三　資本主義末期的，現階段。

在下面考察關於這三時期如何的關聯於帝國主義的問題吧。爲着究明這關聯，不能不首先確定帝國主義內容的觀念。

第二節　帝國主義的本質

帝國主義(Imperialism)從來和民族主義(Nationalism)，軍國主義(Militarism)，愛國主義(Chovinism)等名詞是沒有明確的區別的。正確的想來，這些都沒有不同的觀念的。民族主義是主張以民族國家的國家爲本位的，軍國主義是指軍閥本位的國家政策，愛國主義是有主戰論的政策的意義。

帝國主義最舊的概念，是和所謂權謀術數論 Staatsrason, raison

d'Etat）相聯結的，而有英雄的國家的澎脹政策，即領土侵略，異民族征服等之意。而把這思想加以合理化的，就是俾斯麥的實利政策，是有所謂『民族的生存』的較切實的理由的。（這和民族主義並不兩樣）。更進步的科學的主張是以人種鬬爭（Rassenhampf）爲帝國主義，這是宮普羅伊季及拉陳胡葉爾所認定的。對此反駁的是考茨基的人種和酋太主義（Rasse und Judentum），（這也是和民族主義沒有區別）。

然而，這樣的東西，不消說不是今日所謂的帝國主義。可是，在說帝國主義的時候，常常聯想到一種『權力的對外侵略』，這是很久以來的想法，緊記着這樣想法而考察現代帝國主義論是很必要。

那末，對於這些古老的觀念，帝國主義是有如何的意義呢？考茨基是以牠爲工業資本主義對農業國家的支配，黑爾法鄧是以牠爲金融資本(Finanzkapital)的經濟政策，胡布遜是以牠爲商業的金融的利益追求的國際爭霸。然而，列甯是以牠爲企業獨占的資本主義(Monopolkapital)的支配。

所謂帝國主義，從經濟方面看來，是獨占的資本主義。爲着要完成獨占，競爭者不單要從國內市場互相驅逐對手，並且，非從國外市場，普遍的把牠驅逐不可」。【註一】

又說，在這樣的過程「『經濟的「併吞」，雖沒有絕對的政治的併吞也可以「實現」的。並且牠是不斷地在實行』【註二】的過程。又說：

『帝國主義藉了少數的「列强」，全世界諸民族的便到愈被壓迫的時期』。【註三】

但在這裏的所謂「列强」，是少數國際金融資本的獨占的支配的意味【註四】列寧是指摘以帝國主義爲單純外交政策的錯誤和單單看作政治的觀念的謬見【註五】，而把牠看作經濟關係的政治的反映物的獨占資本主義。

【註一】Sozialismus und Krieg (Werke; XVII S. 269.)

【註二】Ueber eine Karikatur (gegen Kijewski) (werke), XIX, S 250.)

【註三】Imperialismus als jungste Ftappe, S 90.

【註四】Ueber eine Karikatur (werke, XIX. S. 247.)

【註五】Imperialismus als jungste Ftappe, S. 90.

那末，列甯所說的企業獨占的過程，是有如何的意味呢？那就是說生產組織愈益集中化，重要原料的資源更顯著的獨占化，在各國，經濟和政治是放在三乃至五的銀行寡頭的支配之上的。並且，這時代的殖民政策，是資本的輸出較原料的獨占尤爲重視，而以利權的獲得爲重要的問題。同時確立和國家權力相結合的獨占企業，把牠例逆的利用的就是利權政策。而經濟的競爭的範圍和內容是顯著的狹小。結果，企業獨占的寡頭政治得到支配的勢力，並且消滅國內的自由；而在國際，則小而且薄弱的多數民族處於被支配的地位，少數的當强民族的支配確立於其上。這就是帝國主義時代的狀態了。

在這裏，我們先從列甯的獨占資本主義的帝國主義的觀念出發而考察馬克斯在布魯美爾十八日中所說的和列甯講的所謂封建的，軍事的帝國主義罷。一八七〇年間的法蘭西，還沒有今日所說一樣的金融資本的寡頭政治存在，而在封建的俄國的社會則更不能存在這樣的過程了。這時代主要的是商工業盛行時代，而一般的來看，則還是屬於自由主義時代。當眞這個樣子，則考茨基所說的工業帝國主義論及胡布遜的商業帝國主義論還是來得適當，但若要拿黑爾法鄧的金融帝國主義論來說明是很困難的。不過，在其反面，爲着說明現代變形的資本主義的階段，則胡布遜及考茨基的理論是沒有用，而黑爾法鄧的理論却很適切。

在和有這樣撰擇的缺陷和優點的各理論相對立的列甯的獨占帝國主義論中，我們最初可以發見各方面通用的學說。他的帝國主義是如上述一樣的稱爲企業獨占的過程。本來，企業的獨占化，在一九〇〇年以後才是一般化的。然而例外的，在某地方或某時期，則在那以前已有所存在。在列甯的定義，是包含者重要原料的獨占，和少數銀行的寡頭的支配。美提齊家的金融業，在中世紀已經獨裁佛羅陵斯的政治。十六世紀從亞姜利加新大陸產出的貴金屬的大半，是流入於西班牙，企業的獨占，決不祇限於資本主義時代或其末期。在這意味，要是，在封建的俄國的國內異種族的關係和法蘭西革命期的王朝及農民上認定企業獨占及依獨占者而施行的獨裁的支配，那末，在某種意味，雖然用帝國主義的用語，也未必是不對的。然而，不能夠說牠是像馬克斯在法國的內亂所說一樣已有資本主義末期的現象，關於此點，除看作用於應用的意味外，沒有其他解決的方法了。在這裏，我們不能不肯定妥當性最多的，在企業獨占底下認定帝國主義的列甯的觀念。

其次，再就反對以帝國主義看作單純的政治關係的見解觀察罷。

馬克斯已經說牠是『國家權力的形式』。不僅如此，還稱法蘭西革命的各王朝爲帝國主義。列甯曾經說過不能夠以爲帝國主義單單是國家膨脹政策，這並不是否定政治關係的意味，而不過因爲牠不是根本問題的意味。企業獨占化當然是反映於政治關係的，本來帝國主義不必採取政治的手段也可以實現的。現在正是『不斷的實現』着，但同時政治的也可以實現。沒有考慮這帝國主義的政治的實現，便不能夠理解今日的獨裁政治的。

先就國內政治關係和國際政治關係考察罷。

『在經濟的見地看來，帝國主義是資本主義最高發展的階段，並且，也是生產達於極度膨脹，自由交易閉塞而出現企業獨占的階段。……新經濟卽企業獨占的資本主義（帝國主義是獨占資本主義）的政治的上部構造，是從民主政治推移到政治的反動。自由交易是相應於民主政治的。企業獨占是適應於政治的反動……帝國主義是無論在內政上，外交上，都同樣的有打倒民主政治而趨向於反動政治的傾向。在這意味，帝國主義是『否定』一般的民主主義，這是不能夠否認的。並且，牠是否定民主的促進，民族自決主義，乃至全般的民主主義。

『否定』民主主義的帝國主義，是同時有「否定」民族問題上的民主主義（卽民族自決主義）不！更有把牠破壞的傾向。把這問題想在帝國主義下解決，那就好像在帝國主義下難以實現共和國，義勇兵，官吏公選等一樣，是有同程度，同意味的困難』「。【註】卽在過去，帝國主義的王朝及農民已經是反動化的了。在今日也是同樣的反動。

【註】 Lenin, Ueber eine Karikatur auf den Marxismus und ueber den "Imperialistischen Oekonomismus." (Gegen Kyewski) (Werke. Bd XIX. SS. 248—49.)

不管其爲殖民地的形式，或財政的民族的抑壓的形式，差不多全世界都是被分割於這「資本列强之下」。從而，民族解放成爲民族壓抑的促進。【註】

【註】 Lenin, Sozialismus und Krieg (Werke, Bd. XVIII. S. 250.)

我們是處於這樣的反動時代，在這裏，潛伏着法西斯蒂主義發生的根本原因。但這樣反動的過程是如何發展的呢。對此，列甯是這樣說着：

「現代的戰爭，是有帝國主義的意義的。爲什麽呢？因爲牠是從資本主義發展到最高段階的時代的狀勢發生出來的原故。卽牠是由於資本的輸出比商品的輸出更有本質的意義的，工業的卡鐵爾化極度的把經濟生活國際化，並且殖民政策把全世界分割完了的……世界資本的生產力，超過民旅國家的分界，而完全成熟着實現社會主義的客觀狀勢的段階發生出來的戰爭。……而把現代的帝國主義戰爭轉向於革命戰爭，是最正確的無產階級的解決方法。……』【註】

在這裏，又可以預想到新的（無產階級）獨裁的發現。而在無產階級獨裁是從那樣的反動的獨裁發生下來這一點上，才可以看透帝國主義。

【註】 Resolution der Konferenz der Auslands-Sektion der SDAPR. 1915 Bern.

（Lenin W, eike. XVIII. SS. 159-161）

在這裏，很明顯的看到民族主義和帝國主義的國家的段階。最初是封建國家崩壞，其後出現民族國家。這民族國家的政體是有如下三種的段階。

一、民族國家第一段階。專制君主政治，其政策是重商主義。即爲着打破貴族和僧侶的封建勢力，而作出君主和庶民結合的勢力的政策，在封鎖經濟底下，開始創成民族的經濟社會。民族的觀念於是完成，民族主義的地盤於是生育。

二、民族國家的第二段階。是官僚的立憲君主政治。施行法治主義與自由放任政策。在這裏，國民軍開始創成，確立官吏任用制度，確立軍閥和官僚，民族主義漸漸向外發展。依國際自由貿易而民族的自由競爭激化。這是民族戰爭。卽民族勃發的戰爭。

三、民族國家的第三段階。成爲議會中心的政黨政治。階級對立激化。必要統制經濟。政黨政治跟着階級的統制經濟的發展和政治的自由的發展，而漸次喪失社會的自由。並且，政治的自由的意義也是消滅。在這裏，國際政治也是放在階級支配之下，民族戰爭是變了其意義，已非前期那樣的民族勃興，卻成爲民族的壓抑。這是帝國主義戰爭，同時是帝國主義的階段。

第三節　帝國主義的危機

我們有把這帝國主義時代的政治關係，作更詳細觀察的必要。

首先，作成帝國主義時代的政治諸關係的最根本的原因，是企業獨占的發達，但企業獨占，果以如何的形式，在社會裏面起作用的呢？先從其經濟關係考察一下吧。

在馬克斯的賃銀勞動與資本（一八四九年）中，有如下的敍述。

一　賃銀勞動對資本的關係，是勞動者的奴隸化和資本家的支配。

二　中產階級，卽小資產階級和農民階級，在現在的組織底下，不可免的沒落下去。

三　資產階級，卽歐洲各國的民族國家的資產階級，依世界市場的despotism（專制主義）的確立，欲實現商業的抑壓和商業的搾取。這despotism是由英國確立的，而出現了英國大資本家對世界市場的抑壓。卽伴着生產組織的集中的傾向所能搾取的市場漸次狹隘化。這樣——『危機是依如下的事情。更加深刻。即生產量和因市場的擴大所引起的要求的發展或比例而愈益增大；應此增大的程度，而愈加深刻化。又世界的市場更應此程度而愈益集中化，新的可供搾取的市場，漸漸的無處可尋。因爲在過去的危機中未曾劃入於支配之下的，是在商業上並不視爲那麼重要的搾取對象的市場，漸次被劃入於世界的商業支配之下的原故』。就是說，企業的獨占化是引起生產量的增大，新的可搾取的市場便感狹隘。【註】

【註】 Marx Lohnarbeit und Kapital, S. 16. U. 12.

昂格斯是在科學的社會主義的發展（一八八二年）中這樣寫着：「傅立葉（Fourier）是把這危機的性質，譬諸多血症，（Crise Pléthorique)，而昂氏則說，這危機是由於過剩（Krise aus Ueberfluss）的危機』。卽什麼是危機的原因呢？那就不外是傅立葉的有趣的話一樣的，血液過多的，商品的過剩。並且，『交易閉塞，市場雖告過剩，但生產仍然是太量的繼續上去，生產額不能減少，現金不出現，信用萎縮，工場停閉，勞動者得不到生產資料。因爲什麼？因爲他們生產了過多的生活資料的緣故。破產上加重破產，强制販賣上繼行强制販賣』。這正是帝國主義的危機。這是決非基因於人口過剩或領土狹隘。【註一】

『在一方，機構的完成是由各個製造業者間的競爭，向壓制發展去。同時有不斷的把勞動者導入於失業的意義。卽是產業預備軍。——在他方，行着生產的無限制的擴大，同時發生各製造業者間的競爭的强制法規。從這兩方面，生產力不斷地發展，供給對需要的過剩，生產的過剩，市場的充溢，每十年的危機，脫軌的循環，卽這方面是生產手段及生產物的過剩，那方面是得不到工作和生活資料的勞動者的過剩。這樣，這生產和社會安甯的兩個槓杆不相調和。因爲什麼？因爲生產的資本主義的形式，禁止其生產力的活動，而且阻止其生產物的循環，閉塞其再可以還元於資本的過程，卽妨害其資本的充溢的緣故。於是，矛盾達到高度的不合理。卽生產形式叛逆於交換形式。資產階級便不能夠繼續運轉他們自身的社會的生產力。

在那上面，更增殖了產業預備軍。【註二】

【註一】 Engels, Entwicklung des Sozialismus, SS. 43–44.

【註二】 Idem, SS 52-53.

在這裏，可以指出引起帝國主義的危機的三個原因。

一　可搾取的市場的狹隘化，

二　過剩生產的減低不可能，

三　產業預備軍的增多。

盧森堡是固執在以上的第一命題卽市場的狹隘化，遂至忘却了帝國主義的特殊段階。她說：

『在歐洲諸國家是以革命克服封建的自然經濟爲其第一的對象。然而，在海外諸國，則以壓迫和破壞傳統的公共團體，爲其第一的任務，及資本的世界史上的生產活動。從此，不斷地行着蓄積、各國家的原始的，自然科學的，農民的族父的關係，爲了歐洲資本的商品交易及商品生產，開放門戶，而以其住民變爲資本主義的商品的購買者，而且，直接的大規模的略奪在那裏存在着的自然的富源及隸屬的民族所蓄積的財富，藉此兇蠻的促進自己的蓄積。十九世紀初葉以來，和這樣的方法相應而被蓄積的資本的輸出，由歐洲向着其他大陸，非資本主義的諸國家實行，同時在那些地方的新的分野，又在存在於那裏的鄉土的生產形式的廢墟上面，發見了他們的新的購買者的地域和由那裏比從來更多的積蓄的可能。

然而，因了和非資本主義的地方相接觸而獲得的資本的蓄積，是在一步步地縮小牠的範圍。

『跟着參加這蓄積地域的爭奪的，資本主義國家的增多，可使伸張其資本的殘餘的非資本主義的地域便縮小，爲着蓄積地域的資本的競爭，愈益激烈，世界鬭爭場裏的戰鬭，愈益轉向於經濟的，政治的大破碇的連鎖。卽起了世界的危機，戰爭，革命。……然而，經過這樣的過程，資本的沒落便由兩種方法實行。卽在一面，資本的伸張，便成了一切非資本的生產形式的犧牲結果，而漸漸地，事實上作成單純的資本家和賃銀勞動者的關係，因之，資本便不能夠實行再進一步的擴大與蓄積。同時，在他面跟着這傾向的發展，階級的對立和國際的經濟及政治的無政府狀態，更加激化。於是，就不得不引起經濟發展的最後的競爭，卽在世界的資本主義生產的絕對不可分的支配被確立以前，引起國際的無產階級，對抗於資本支配的存立的叛逆〔一〕。【註】

【註】Rosa Luxemburg, Die Akkumulation des Kapitals oder was die Epigonen aus der marxischen Theorie genacht haben. (1921) SS. 20-21.

此外，瓦爾加(E. Varga)也是同樣的主張市場是狹隘化的人。他在一九二一年發表的『資本主義世界經濟的危機』(Die Krise der Kapitalistischen Weltwirtschaft) 裏面，說明大戰後的資本主義踏進於下向的過程的理由，而這樣說着：

『現代危機的特質是……世界經濟的上部構造因戰爭而變形的，結果……相對的過剩生產。這危機是原因於中歐及東歐經濟的沒落，卽原因這些地方的記錄的過少生產的危機。這事情是同時，和大戰中的牠的植民地的工業化相應，而使美國，日本及英國，難於找尋其商品的世界市場的販路』。（同書五五頁）（對這說明，固然有多少批判的必要——著者）。

更在一九二八年發表的世界經濟和世界政策雜誌第五號，批判美國的組織的失業的論文中，主張資本主義漸漸地達到『純粹的資本主義』（Reiner Kapitalismus）的階級，又說，所謂純粹的資本主義是『由農業進於工業的移行過程，卽已告完成了農民的向着產業資本家的移動』。於是，在這方面的工業遂不能再進一步的發展。他的意思，就是說，例如歐洲大戰前的美國的資本主義是還存在着農業及手工業的沒落，故在國內市場，還有資本主義的市場擴大的可能。然而，到了大戰後，美國資本主義極度發展，而其依農業及手工業的沒落而被擴大的市場的餘地，殘餘者甚少，而且差不多全無。同時，世界經濟上的資本主義發展的餘地亦很狹小了。這就是引起生

產的合理化的必要，而又不得不出於減低價格而擴大販路的政策的原因。【註】

【註】J. S. Gorfrnke, Die Probleme der Arbeitslosigkeit in der Epoche des Monopolkapitalismus (Unter d. B. d. Marxismus, IV. 2.)

然而，市場的狹小化，却是高度資本主義化的結果，而不是市場的狹隘化使資本主義推進於高度的，這是不言而自明的事。並且對他尋求國際資本爭霸的激化及產業合理化發展的根本原因，是不能不以爲顛倒其因果的想法。

馬克斯是把使資本主義高度發展的基本的推進力，尋求於怎樣的事象上面呢！馬克斯在其資本論中如下的敍述。

『消費的這種限界是依再生產過程的伸張而被擴大。在一方面，

這伸張是增大屬於勞動者及資本家的收入方面的消費，他方面，這伸張是和生產的消費的伸張有同樣的意義』。【註一】

馬克斯是更在次頁有如下的論述。

『試假定以全社會看作祇由產業資本家們和賃銀勞動者們組織成的。爲了妨礙着總資本的大部分在平均事情之下通用；尤其是爲了靠信用能使發展的再生產過程的一般的關聯之存在，而常常會引起一般的停滯的價格變動，這姑不去說它。同樣的由舊信用制度而得助長的多數企業及投機的交易，也且不說它，然而在這樣的場合，凡是一種恐慌，都可看作是單單起因於不同的諸部門間的生產的不均衡及資本家自身的消費積蓄的不均衡。可是在實際的情勢上，投於生產的資本的融通，其大部分依非生產階級的消費能力如何而定。不過勞動者們的消費能力，爲了一部依勞賃的法則，另一部則以利潤供給資本家階級，才被雇傭的事實，而受限制。但祗社會的絕對消費能力，似可爲限界而可使其發展其生產力；和這樣的資本制生產的衝動作比較，大衆的貧困及消費的限制，便常常成爲一切現實的恐慌的最大原因』。【註二】

這個樣子，馬克斯是把問題的原因，放在『大衆的貧困及消費的限制』，而並不把資本制組織發展的最終的原因尋求於外國市場的狹隘化的問題。那末，在這樣的時代是發生如何的現象呢？

一　產業資本不能轉變其形態，遊休的停滯在其再生產過程的一段階。

二　對再生產過程的流動性的信類，發生動搖。

三　對這營業上的信用的需要減退。【註三】

在這樣的時代，結局是怎樣的呢？馬克斯是如下的敍述：

『在恐慌的時期，不論何人都會碰到有了可販賣的東西而賣不出去，又爲了開支非販賣不可的破綻。在這樣信用的缺乏達於絕頂的時候，最大量的東西，並不是需要放下的遊資的量，而却是在再生產過程中被抑止着的資本的量。因爲再生產過程停滯着，所以，在這場合，已經被放下的資本，實際上大宗的遊散，工場停閉，原料堆積，完成生產物是當作商品而充溢於市場的狀態』。【註四】

【註一】 Marx, Kapital, Bd. 111. 2 (Volksausgabe, S. 18)

【註二】 馬克斯資本論（改造社縮刷版）第五冊，二五頁。

【註三】同上，二四頁。

【註四】同上，二四——二五頁。

因此，帝國主義的危機，並不是市場的狹隘化——依上面的引照文看來，馬克斯也是很明白的把牠看作一個條件，但比牠更根本的——却是基因於消費量比生產量的增大較爲減退的事情。這消費量的減退是基因於依產業預備軍的增大而發現的大衆的貧困，但產業預備軍的增大，更不能不以爲是企業獨占化發展的結果。然則，企業獨占化是基因於如何的必要呢？那是資本主義本身的本質的，營業自由主義及自由競爭主義，從以最少的生產費欲得最大的利潤的，資本主義經營的本來組織發生出來的了。卽有了合理的經營的大規模企業勝利，否則就是滅亡。這樣的資本主義的經營是如馬克斯所言，從初就包含了兩種矛盾的傾向。

一　資本主義的發展，卽資本的集注增大是同時招來資本的可變部分的增大，又『資本的集注是同時招致無產階級的增大』。

二　然而，同時資本主義是『資本愈益生產勞動，則資本愈益增大，而勞動愈益減少』。【註】

【註】馬克斯資本論第一卷（國民版）五七七頁及五五九頁。

並且，獨占過程的發展是指着資本主義本身的爆發，而牠是依產業預備軍的增大而得爆發的。然而，在還沒有依任何資本的勢力所開拓的市場，還殘存在世界其一偶的時期內，是可以發見阻止這預備軍的增大的方法。然而，到了國際市場在少數的國際資本主義支配之下無所殘存的分割完了的時候，便祇有爭霸的手段，於是帝國主義戰爭便形激化，除此而外，再無處發見可以低減增大下去的預備軍和過剩生產的量之方法。

歐洲大戰是一面確立了少數資本主義的國際的勢力，他面作出了急激生產量的增大和急激的消費量的減退。因此就失墜了產業上的信用；金融資本萎縮，於是，金融恐慌便發展起來。對此，馬克斯是這樣說着：

「生產力的發展，使勞動者減少到絕對少數，換言之，事實上，全國民在較短期間可以遂行他們的總生產的時候，國民的大多數便因此而不能作生產，因此，在這裏就成熟最後的轉換時期」。

【註】

【註】 Gorfinkel, a. a. O. S. 218.

其次，這樣的危機是以如何的形式發展到政治的危機呢？瓦爾加是在其經濟的危機如何的發展到一般國家的危機呢？的論文中，舉出了如下的四個問題。【註】

一　政黨對立關係的變形。——舊的政黨關係失去了牠的意義，新的對立關係，表現到政黨的分野上面來。資產階級政黨本身的內部的對立的發展，即因在減退的利潤的爭奪而引起的資產階級的內面抗爭的反映。例如德國的民族諸黨的分裂，民主黨的沒落，國民黨首領的更迭；英國保守黨的黨內分派的發生（自由黨的分裂，勞動黨的內部政見的對立，例如多瑪斯的保護貿易論對斯議丁的自由貿易論，又馬克斯頓一派對他們的反抗，尤其最近美國的民主黨的躍進，共和黨的危機等）。

二　表現着資產階級內面抗爭的政黨的對立。——即在交錯的，同時純然的階級的戰線上一致發現的，政治的構成的存在。例如德國的『德國工業全國聯合會』(Reichsverband der deutsche Industrie)，英國的『不列顛工業聯盟』(Federation of British Industry) 在嚴格的意義上，是資產階級的階級構成。又政黨方面的中央黨，民族社會黨，民族主義諸黨等，都不外是金融資本的階級的組織，但在他們自體中發現了內面的抗爭。（例如『德國工業全國聯合會』和國民黨，關於農業關稅問題相對立。又在波蘭，支持畢蘇資基的獨裁的大資產階級的組織『列比亞團』(Leviathan) 是對立於同樣的波蘭大資

本階級的傳統的政黨的民族主義黨）

三　不同的階級構成員的綜合的組織是有分解的傾向。——例如包含各階級的要素的德國農業團體的分解。

四　從處於近似的關係的資產階級的內部，發現了互相對立的不同的主張。——例如上述，關於德國農業關稅提高問題，『工業全國聯合會』是反對的，但萊因威斯特法利亞大工業家團體則支持一切農業保護政策。

於是，瓦爾加是下了如下的結論。

『爲着得到跟樣經濟的危機發生而減低的的利潤分配的鬭爭，是不但止於單純的經濟政策上的危機，同時引起全資產階級的政治構成上的危機。頻繁的內閣更迭，頻繁的議會解散，總選舉的反復等都是如實的表示這個事實』。

他又附言而說道：

『在此點，美國是還在初期的狀態。英國雖然是早已充分的成熟，但為了有廣大的殖民地和腐敗的勞動貴族之存在，妨止了牠的爆發。更看德國及奧地利，則其政治的危機更為深刻』。

【註】 Die Wirtschaftkrise schlägt. in eine allgemeinnationale Krise um. (Kommunistische Internationale, 19. Nov. 1930.

即提示了（一）既成政黨的分裂，（二）政見政黨的沒落和階級政黨的發展，（三）議會解散的頻繁，（四）政權的不確立等四個問題。而我們是不能不認定這些都是當面的現象。

在這裏，我們再考察帝國主義以如何的形式影響於獨裁政治的問題吧。

一、就國內政治問題觀之，因爲有少數獨占資本的支配和大衆的貧困的對立，所以，階級對立的惡化是不可免的，於是確立了政治的獨裁化卽資產階級的獨裁，同時發生對付牠的大衆的反抗運動，而社會關係，不得不愈益惡化，從這裏發生出如下的諸問題。

（a）政黨政治的變形。政黨政治本是適當於自由政策的形式，要是當牠作統制政策的機能，則太沒有效率，或竟屬於不可能之事。因爲什麼呢？因爲政黨政治是以由立於全國民的意見之上的純粹的政見政黨來行使爲其理想的，但在帝國主義時代；已經不能夠有統一的國民意見的存在，而有對立的階級政見在支配着。同時，自由結社的政黨，其本身自行階級化，其程度亦和社會關係相比例而發展，而獨占化。露出政策的階級化，失墜國民的信用，同時，激發政黨的內部訌爭，不管政黨的獨占化，一味增高政權的動搖，議會的解散，政狀的不安定等。

(b)政狀不安定的一個原因是財政困難。依企業的獨占，大衆貧困化，企業萎縮，國庫收入開始減退，於是發生統制經濟的必要，而需要歲出的增大。又發生軍備縮少和行政整理的必要，更成爲中產階級的硬化的原因。

(c)在議會政治失去信賴的時候，當然不能不預想暴力主義的發達。右翼也暴力主義化，左翼也是暴力主義化，而中間穩和分子的議會主義，事實上無存立的可能。

二、國際政治關係和此種國內政治相關連。在這裏發生兩個問問題。

題。卽一是把解除國內資本的萎縮的方法尋求於國外的資本家方面的問題。另一是把國內的失業困難，欲依國外發展而解除的大衆方面的問題。

(a)屬於資本家的解除的問題是專心注意到確實有利的投資地的開發。這是指以更高的金利爲中心的國際的活動的。而在這金融的侵略，無所謂國境。同時金融資本是國際主義，而有支配外國資本的場合和被外國資本支配的場合。在這後者的場合是和大衆的民族的主張相對立。這樣，金融資本，一方面雖然是國際的，但同時，爲着獨占其市場和確保其國際債務，必要軍備，又不辭戰爭。在這裏有了對金融資本戰爭的機會主義。

(b)其次，從大衆的要求，觀察帝國主義時代的國際關係。因爲不能理解現代的特殊事情，便誤認失業基於單純的不景氣，以爲依植民政策可以解去失業困難。於是便發生植民地獲得的要求。這要求是爲職業的開拓，而不是爲像往昔一樣的絕對的過剩人口的流出及生產原料的獨占。然而，這大衆的要求是和某部分——即爲市場獨占化的——金融資本的主張相合流，而可以保有像民族戰爭一樣的舉國的色彩。然而，這種大衆的希求，却不過是幻影。因爲什麼？因爲雖則在帝國主義戰爭中得到勝利，而把某地域劃入於勢力圈內，但要是把那地方作失業救濟場，首先有興起事業的必要，同時有排他的防遏從他方面發生的失業的必要。爲了這個，必須有國內資本的流出，但這是擴大國內資本的地盤的意義，同時作成國內大資本的更廣大的基礎，結局不外是促進企業的獨占過程。這個事體是不能引起勞動量的增大，更依並立的諸企業的合併，而却招得勞動量之減少。不過，依這樣的基礎的擴大，高漲了資本的國際的勢力。牠的國際的勢力的高漲結局並不利於大衆，祇不過有利於該獨占資本罷了。反之，如果被敗北於帝國主義戰爭，則國內資本的地位馬上動搖，而且其損失是不能不轉嫁於大衆身上。在這場合，可以看到資本主義的危機的急速的進展。所以，不論如何，牠祇是關係於獨占資本主義的地盤的廣狹與強弱。然而，在勝利而其地盤被強化的場合和敗北而其地盤被破壞的場合，其政治危機的發展上存在着如何的關係呢？蓋不是法西斯蒂主義獨裁中間現象，就是直接轉向於無產階級獨裁，有這種的相異點存在着。因爲帝國主義戰爭的有利的解決是指獨占資本主義的地盤的強化，所以，不引起法西斯蒂主義獨裁的危機，而可以直接運到資本主義的公式的轉換。

第四章　獨裁政治和民族

第一節　民族的概念

所謂民族者，在政治學上，還沒有正確的概念。關於這一點，容再略加考究。民族，在英語叫作 Nationality。所謂 Nation 和德語的 Volk 一樣，是國家或國民的意思。但是在德法語，都把 Nation 解作民族的意思。德法語中與英語的 Nationality 相當的文字，即 Nationalität 和 Nationalité 是有國籍和國民性的意思。英語也是一樣的。所以英語中，民族，國籍，國民性三個意思，是表現於一個字上的。但是這裏所謂的民族，不是指國民性和國籍的意思，是指屬於社會學上的一個觀念的民族。

Nation是由臘丁語的natio而來。他的語源為nasci，是生產的意思。西珊洛敍述Dea Natio卽生產的女神，是和生產卽種族有關係的。故異種族也叫nation，在羅馬的聖書中被用為異國人的意思。使這氏族的觀念發展成地域的觀念，是中世紀的事，而用作封建國家或都市國家之國籍的意思，亦就以此時為嚆矢。一四一四年到一四一八年間所開的君士坦丁的會議，名為法、英、西、意、德諸民族的會議，至此，國民和民族大概被看作是一樣了。但是，以後有了國家的破裂和綜合，跟着民族化運動的盛勢，國家與民族重生區別。自此以後，始有民族的社會學的觀念。

最初的觀念，見於一八五〇年出版的法國科比納氏的『人種不平等論』(Gobineau, Essai sur l'inegalitê des races humaines, 2 vols, 1853-1855)。他以爲人種就是民族。可是此說，到了一八六九年英國柏吉脫氏的『自然科學和政治學』(Walter Bagehot, Physics and Politics.)出版，便被推翻。柏氏把民族與國民性同等看視。

到一八八三年，墺國的龔普洛滋氏的『人種鬬爭』(Gumplowicz, Rassenkanpf)一書出版了。此書中敍述民族必由兩個以上的支配和被支配種族的征服關係而成立；民族的結合，往往是外來的支配種族，征服了定住的被支配種族，而君臨統治的結果，被支配種族的言語受支配種族的同化，就在文化的共同上成立了基礎。所以如此書的表題，並不以人種卽爲民族的。

又至一八九七年，德意志的拉齋爾著了『政治地理學』(F. Ratzer,

Politische Geographie)，在這書內：以民族和鄉土爲同一的觀念。並以爲由生長的土地之氣候風土造成民族。

這樣的民族觀念的發達，各各帶有那時代的社會的和政治的意義。從而這樣的民族概念，以科學的見地來看，就沒有一個是名實相符的。【註】

【註】一、人種不同的民族之例。英吉利人（克勒特，日耳曼，羅馬）。法蘭西人（不列顛，加利亞，羅馬，日耳曼）。意大利人（伊托拉斯更，羅馬，希臘，克勒特，倫伯爾脫，諾爾曼，里敍里亞，薩拉森）。

二、言語不同的民族之例。瑞士人（德意志，法蘭西，意大利語）法蘭西人（與說克勒特語的不列顛人亦爲同一民族）。西班牙（說優斯加洛語的巴斯克人亦爲同一民族）。還有民族相異而操同一言語的民族列如，（丹麥，諾威，瑞典便是異民族而有同一公語。英吉利，愛爾蘭，北美也是異族同語。西班牙，墨西哥，智利，比魯亦同上。葡萄牙，巴西，荷蘭，南亞同上。法蘭西，比利時亦同上。又如猶太人，則今日也還沒有統一的猶太語。

三、宗教和民族。英國（國教，非國教）。法國（烏爾托拉門遼主義　加利加尼主義）。優果斯拉伐克（希臘教，舊教，回教）。德意志（新教，舊教）。阿爾巴尼亞（基教，回教）。

四、國家和民族。據傳舊奧匈包含三十餘的民族，現土耳其共和國，有七十二半的民族。差不多沒有一民族一國家的實例。

總觀上面所述民族觀念的發達，就可見必以民族——住居——人種——國民性——言語——風土……等的同一，這纔被視爲是一個民族。

對這民族的觀念，現代的學說，是怎麼樣說呢？則有以下三個學說相對立。

一、須一般的文化的同一。此說本來是德意志的赫特爾(Herder)的學說，到了現在，有了里南(Ernest Rénan, Qu'èst-ce qu'une nation? 1882)。訥伊曼(Neumann, Volk und Staat, 1888)，愛爾納克(G. Jellinek)等支持者，是最有力的。

二、須具有民族意識。這是美國社會學者白納斯(Henry E. Barnes)今日支持着。

三、須爲社會經濟發展的造成，且由某歷史的階段所造成的社會的結合。這個可說是馬克斯正統派的民族觀念。

第一的文化學說，是綜合言語，宗教等不正確的觀念，以爲便是文化，却並不能說明是什麼造成這樣民族的同一文化圈的。第二的意識的學說，也和那文化的學說一樣，意識着同一民族的觀念，但除了這所謂同一民族以外，就不能說明它的本質。在這裏我們便當把還不受人十分注意的第三的馬克斯主義的民族觀念，加以討論。

依馬克斯主義看來，社會民主主義的學者，沒有相異的民族觀念。例如考茨基和奧特鮑耶爾，大體都因襲着陳舊的學說。

奧特鮑耶爾於一九〇七年寫成了名叫『民族問題和社會民主主義』的一部大著，打算確立墺地利亞社會民主主義運動的民族論。他先以牛門的學說爲起點，然後就詳細來論他所分類的六個學說——居住，民族，言語，慣行，經歷，法律及宗教的各學說。得到除居住以外，其他都是過去的經歷的內容的結論。結果就下如次的定義。

『民族者，由運命的同一所造成，由品格的同一所結合的人類的綜體』。並註明運命的同一者，不是以職業，階級，和國籍的同一的意思，是有同樣的過去的經歷的意思。【註】

【註】 Otto Bauer, Die Nationalitätenfrage und die Sozialdemokratie, 1907. H. Aufl. S. 135.

但考茨基反對這一說，他說：

『鮑耶爾把民族（及國民性）作爲「由命運的同一所造成的品格的同一所結合」，但我不同意；我以爲這是言語的同一』。（四四一頁）

『（因爲）人類的任何同一性，都不外是運命的同一；若是經過相當的時間，便又造成性格的同一。便在階級，或職業，宗教，據說都和民族一樣。那麼爲何言語的同一便是民族呢？民族和包括語言相異的人，及同一階級的，同一職業的，和同一宗教的區別的標準又是這樣的呢？』

『所謂民族的戰爭，也就是語言相異的鬭爭，而不外是言語的支配。』（四四〇頁——四四三頁末註）【註】

鮑耶爾的學說，被考茨基所反駁，但考茨基說民族的戰爭，是『言語的鬭爭』，却也是不可靠的。他還是說國際戰爭，多半因言語的障礙而來的無理解。但這實可說是戰爭發生的副因。所以這個言語說，已如上述的，自從柯普洛伊提出以來，已是無可再加批評的觀念了。

【註】K. Kautsky, Materialistische Geschichtsauffassung, Bk. II.

在此且對馬克斯的正統派來加以考察。馬克斯正統派的民族觀念，也是不十分明確的。到了馬克斯，他就不去說及民族的概念；恩格爾則僅消極的略略說到這一點；列寧也還是照例的故意避去屬於概念的問題。我們只在史塔林及其一派的學說中，得到明瞭的馬克斯主義的民族概念。

且先由馬克斯的民族觀來觀察：

馬克斯的最初的民族論，是在『共產黨的宣言』中，有次述的文句。

『資產階級將人口，生產機關，財產底渙散狀況漸漸除去，教人口團聚了，生產機關集中了，財產集在少數人手裏。從此必然生出的結果，便是政治的中央集權。他將各個利害，法律，政府及稅則不同的獨立區域或勉强團結的區域，團結起來合做一個政府，一樣法典，一致利害，一個國境，一樣稅則的國民。【註】這是敍述了民族國家的成立，是在封建制度崩壞以後，以此民族國家的創立，視作民族的創成，這是馬克斯的見解。

【註】 Marx, Kommunistische Manifest, S. 30

其次馬克斯說及民族的問題的，是在『新來因新聞』，在那里多少的使能窺到民族問題的概念，關於民族言語的關係，就有下面的一段話。

『汎斯拉夫主義的直接目的……是在想再造一個除了德意志語，意大利語，馬來語，華拉基亞語，土耳其語，希臘語和阿爾巴尼語以外；還包含有一打以上的斯拉夫諸語，及主要方言的斯拉夫國家。但其全體——單單欲藉抽象的斯拉夫精神的一個特性，和其多數住民所通用的所謂斯拉夫語來結合。可是除了二三個觀念論者的考究以外，又在甚麼地方有這斯拉夫精神的存在呢？除了Palacky，Gaj君和他的同類的人的空想以外，更除了早已不是斯拉夫式的俄羅斯教會的斯拉夫古式的禮拜儀式以外，究竟又在甚麼地方有斯拉夫語的存在呢？事實上此等國民都各有其不同的文化段階，從而事實上此等民族，是有這相對立的利害關係。並且此種十乃至十二的民族的斯拉夫語、事實上都是由不相同的發音而成，他們的發音就可以分出各各不同的民族，(Haupt-Stammtschlechisch, illyrisch, Serbisch-bulgarisch)是完全沒有文學性的，而且爲了大多數國民的粗野，成爲純然的方言，除了極少數例外，其他都使用着和公式語不同的別種的非斯拉夫語。【註】

這是對於汎斯拉夫的主義的反駁，由此大體可推知馬克斯是沒有民族卽言語的見地。

【註】 Mehring, Nachlass, Bd. III SS. 259—240.

其次馬克斯已肯定了民族和傳統的關係：

『此等民族的分裂，究竟由何而起？究竟其基礎上橫有怎樣的事實？原來民族的分裂，是由於在此所成爲問題的諸民族迄今的全歷史所生的。卽迄於今日的全歷史，盡是對於這些大小諸民族的生滅的分裂的開始』。(同上，二三六頁)

其次關於民族和地理上的關係，馬克斯作了下述的否定：

『梅特爾尼希更爲了要抑壓波蘭人的革命的精神，訴於羅坦尼人(Ruthenivan)這個種族，有和波蘭人相異的言語，信仰希臘教，本爲屬於波蘭的種族之一，到了梅坦羅尼希時，開始覺到波蘭實是他們的抑壓者』。(同上，一三六——頁)

『波蘭和羅坦尼亞，像依從歷史和地理狀態所區分的，同樣的他們又和墺地利區別，所以我等若欲整理其他民族的混淆，總得把此等民族除外』。(同上，一三七頁)

換言之，卽居住於同一的地方，不算是民族的要素。

由這樣極少的片言隻語中所能窺得的馬克斯的民族觀念，卽爲須和民族國家同時成立，須肯定基於傳統的同一之點，更須否定言語和居住的同一。

其次是恩格爾，他對於民族已經很詳細的講過。要知道他的見地，即有下列的二個文獻。就是『沙波伊，尼士和萊茵』(Savoyen, Nizza und der Rhein, 1860)與『波和萊茵』(Po und Rhein, 1859)。

對於言語和民族的關係，他究竟怎樣的敍說着呢？若依『沙波伊，尼士和萊茵』一書，則說：

『我們在這裏，因爲正欲討論民族性的問題，所以暫時就不得不把西部阿爾卑斯的言語關係加以考察。……於是國民的用語，差不多是不能夠用以決定民族性的了。操普洛文語的阿爾卑斯農民，他們很容易學會意大利語和法蘭西語，同時却又不多用這些國語。他們之間，尚久用着畢蒙特語。所以這一種言語他們也了解。若要在這些語言中找共通點，即祇有在公式語上去找；即一切的畢蒙特利尼士語中的意大利語。可是在Aosta Waldenser山谷那里，却略有例外，即到處使用着法蘭西的公式語。（二——七二九頁）

由這樣看來，恩格爾是明瞭的解釋着民族，不是言語的同一。並說：

「以普洛溫語的方言為根據，要確說尼士的法蘭西民族性的時候，因為那言語祇含那州的一半，所以是沒意思的。然再看了下面諸點，就更能明白了……」。（三〇頁）【註】

【註】Herau gegeben Von Bernstein, Stutt, Dietz, 1915.

還在『波和萊因』中說：——

『決然的確定歐洲的地圖，這是不論誰都不能夠辦到的。一切的變化，尙在繼續發生之間，對於生活最旺盛的歐洲的民族，越能得到由言語和同情之點所能決定的他們在事實上的與自然的境界。同時各敗殘的國民，都被較强大的諸民族所倂吞，我們便可見到成爲大民族的一部分而存在，同時不過祇做爲人類記念碑而留些痕跡，並沒有什麽政治意義的民族』。（五一頁）

這幾句，其後馬克斯主義者曾用以作爲結連民族和言語的資料。但在此恩格爾所說的意思，祇不外是揶揄所用作使民族的侵略合理化的，所謂『自然的境界』的意思。恩格爾所想表明的，是民族究竟以怎樣的政治的意義而構成的。因爲他說着『我們曾對於中央歐羅巴列强的政治家等，怎樣的應用着自然的境界的原理』一點觀察過。（同上，四六頁)〔註〕並且，關於法蘭西和意大利的境界，民族觀念怎樣糾紛着，也有下述的說明。

「然而不論言語，種族的血緣和阿爾卑斯的連鎖，塞維人，對於大法蘭西毋國帝國主義的組織，一些都不以爲幸。他們說不是意大利人占領了塞維，是塞維占領了畢蒙特；他們有這樣的傳統的感情。……法蘭西自從一七九〇年到一七九四年的遠征的結果，遂占領塞維，到一八一四年之間直把那地方叫作蒙白山州了。可是當一八一四年的時候，他們就全然不願作爲法蘭西人了。在他們所成問題的，是去依附瑞士呢？還是藉從前的關係去復歸於畢蒙特呢。低地地方歸於法蘭西祇有百日的先景，可是結局就復歸於畢蒙特了。這樣的陳舊的歷史的傳統，當然是跟着時日一同衰

額下去的。（塞維，尼士，和萊因一三三頁）

【註】上揭的白羅斯達版，『波和萊因』也合併在內。

在這里可見恩格爾連對於馬克斯所承認的傳統之點，也以爲在民族觀念上是並不普遍的。於是他所主張的，祇不過是在近代民族國家，民族是被用作政治的意義的。

至於列寧，他的所見也常常是消極的，並不揭示任何肯定的主張。雖則德意志的同志列胥（Lenech）引用了前面所述的『波及萊因』中的恩格爾的『言語和同情』，說民族的自然的境界，是由此決定的，對於這一點，列寧也曾這樣反駁過：『這是從一八四八年年到一八七一年間的歐洲資本主義發展期的事情，到現在反動的帝國主義的資本主義，正在打破這依據民主的立場所決定的這一種境界』。【註】

【註】 Lenin, Werke, Bd. XIX Ss. 298—299

於此我們便可見到馬克斯主義的民族概念，是終始一貫的，祇不過另有欲把民族和民族國家的概念，在同一關係上討探的見地。

但是到最近在資產階級的小民族中生長的史達林(Joseph Vissario-novich Stalin)曾試欲確立馬克斯主義的民族概念。這時不過是一個無名的青年的一九一三年他所執筆的而由列寧發見其才能的他的論文。

由此觀之，則民族是人類的一定的共通性，和種族，人種等一樣，是依據歷史而成的，不是一時的，是有永久的存在性的。他並以爲民族的共通性的內容有次述的五點。

一　同一民族必說同一言語；可是說同一言語的人，却未必一定是同一民族。

二、須在相當的長期間，居住於同一地方，相互交往，卽地域的鄕土之同一。

三、須是生活事情的同一，及由此同一所成的精神的同一；卽傳統的心理的共通性。

四、須有共通的歷史。

五、統一內部的生活，統一的經濟關係的存在，民族的特質之源泉卽潛伏於此。由這樣的立場看來，民族是由『言語，鄕土，經濟生活和文化的共通性所產生的；傳統的心理等的共通性所統一的人類依據了歷史所作成的永續的共通性』。（三二五頁）

同時又說：『民族也不單單屬於歷史的範疇，是某特定的時代，卽在發展的資本主義時代的歷史的範疇。封建制度的淸算，和資本主義發達的過程，同時也是形成民族的過程』。（二三三頁）【註】在此，經濟關係，始被連結到民族上；在此始得確立馬克斯以來的馬克斯主義民族概念的特徵，同時又始在民族國家，見到民族的見地。可是最初史達林所說的言語和鄉土的同一之點，則是一個已受盡批判的不易成立的觀念，此種批評在馬克斯主義上是不足爲重的部分。

【註】史達林『馬克斯主義與民族問題』（『蒲哈林，史達林全集』第十四卷日譯）。

史達林在此書中還將民族生成過程分了其次的兩個。

一、像英，法，德，意，民族的形成，同時也使他們成爲獨立的民族國家。

二、像墺匈國，俄羅斯在殘存着的封建的諸條件之下，還不能在經濟上成爲一個完全的民族而固定。

對於這兩種類，他認定各有相異的民族問題的存在。（同上，三

四三——三三五頁）

其次在史達林門下努力的普洛伊特所著的『民族的起源及其發達並帝國主義時代的民族問題』一書，也爲欲樹立馬克斯主義的民族概念，而値得注目的。在此書中下有這樣的定義：

『民族者，乃資本主義的發生和發達的結果所形成的人口的統一體；一定經濟的連契，與領土，言語文化等的共通性，亦包括於這個統一體中，所以是一個特徵的統一體』。（三四頁）

他亦以爲資本主義的崩壞，同時民族也就消滅。此書中値得注目之點，是將民族的發展階段，分成次述的三個時期。（二〇——二一頁）

一　資本主義社會和民族發生的時代。

二　資本主義社會沒落，而入於帝國主義階段的時代。

三　無產階級獨裁，及其獨裁實現的形態的蘇維埃權力的時代。

在第一個時期；施行民族統一政策，漸次向國外施行發展民族，和侵略領土的政策。在第二個的時期；民族反成了資本主義的障礙；跟着資本之世界的發展的確定，民族反和階級勢力結合，成爲資本主義的脅威。第三個時期；是現在俄羅斯的事情，舊時的抑壓民族與被抑壓民族，重於新關係上結合。即施行了民族自決權，和法律上的民族平等，以及殘存於後進民族中的封建的族父遺制之打倒運動的援助。【註】

〔註〕日本高橋積譯，昭和三年共生閣出版。

馬克斯主義一切民族概念，歸於失敗時，給我們開拓了新境地，其功績雖不算成熟，却是偉大的。結局，我們除把民族以爲是民族國家所造成的觀念之外，那就沒有別種有把握的方法。從而在與民族國家相異的關係上所存在的民族的觀念，是可以歸入於別種觀念中。例如，由氏族，人種，言語，宗教，生活環境等的同一所產生的社會的共同性，便是民族以外的。現在我們爲要給這一個結論成爲有力的，且引照人類學者魯意斯，莫爾根氏的『古代社會』中，由毛根所確說的地方。

依莫爾根氏說來，氏族制度還沒有崩壞，而依據財產與領土的新的社會的結合體的國家也未發生，在其中間的階段中就有所謂Confederasy of tribes（聯合種族）。他把這個作爲民族的萌芽。聯合種族者，造成了比單一種族，稍複雜的氏族社會。但在氏族社會還不過是民族社會的時候，而此聯合已爲向國家的方向發展之一階段了。因爲民族(Nation)，在氏族式的組織之下早已在形成了。也因爲完全的統一的國家，不外是此種聯合的發展的最後之階段。至於此種種族聯合的民族，究竟是以什麼爲其結合的紐帶？原來是：

一　以血緣的紐帶爲基礎的；

二　由所有各自獨立的地域的諸民族而成；

三　有同一系統所發生的不同的方言；

四　基於對外敵的共同防衛的必要，有保全共同利益的組織。加盟於此種組織的各種族，都被認爲有各各平等的權限，其中心又各有武將。(第一編第五章)

由此種組織，產生了以財產及領土爲成立國家之要素的政治組織。但因了這一種國家的發生，氏族便爲了都市 Township 及 City ward的發達而被排除；換言之氏族的制度，有以領土的制度來代替的必要。氏族的衰落，引起了組織的都市之出現。這樣的社會制度的轉換，大體上是成爲野蠻時代與文明社會即太古與近世社會的分水嶺。（一五四頁）

【註】 Lewis H. Morgan, Ancient Society, 1877

爲了此類民族之出現，都市生活的勃興，就成爲必要的條件。但在莫爾根氏，以爲民族是在都市社會剛發生的種族聯合之社會中漸漸發展過來的。莫爾根氏的此種見解，在民族觀念上，給了我們不少光明。

上述莫爾根氏的原始社會的說明，即可用爲近代社會的發展的說明。在羣雄割據的時代，除了主從關係和所有關係之外，並無何等民族觀念。但封建制度成立，同時中央集權式的形式也漸發展，跟着也就出現了民族意識。到了此種封建制度崩潰，現代的民族統一國家出現，國家始完全的確立於民族意識之上。在外交及政治理論上，所謂民族，若把它視爲在發展的，則就不外是如上述的觀念；所以民族不過是代替氏族制度的，以財產和領土爲中心的統一的社會觀念罷了。

其次莫爾根氏又說：在經濟生活上看來，種族聯合，是和古代都市國家的發展並行的。此點在近代的社會，也是一樣的。跟着農業社會的衰退和商業社會的發展，中央集權就漸次達於完成。所以民族社會，也可說是近代的商業社會發展的產物，也卽是資本主義社會的一個現象。

民族既然是這樣隨着歷史的發展某種社會形態所引起的觀念，則我們就可容易的想像到：跟着社會形態之歷史的發展，這一個觀念也是會變形的。即在氏族制度的社會或羣雄割據時代所未曾存在的社會，便是民族意識。若單以在都市國家及近代的民族國家中所出現的，才是民族意識，則又可容易的想像到：在這種社會得在別個社會形態上發展爲前提的立場上，民族觀念也就衰退，而得以需要別的新社會的社會觀念來代替了。在此意義上，民族觀念，決不是永久不變的，而足以想見其衰退及消滅。這正如階級觀念，跟着各時代的經濟生活的形態的變化而變形，民族觀念也同樣容易的會變形，決不可說：民族是我們的社會生活中的恆久的觀念。

最近福爾司（J. Fels）也從與此同樣的見地，來說明民族。他以爲在羅馬時代所見到的民族一語是有種族上的基礎的。對於現代的民族觀念，他也和莫爾根一樣的說：是以種族（Stamm）國民（Volk）及民族（Nation）的順序發展過來的。【註】關於此點，請把本章最初關於民族一語的發展所述的相對照，當更能明瞭，試想氏族的觀念，在專門語上看，決不是從氏族團體以外的基礎上發展過來的，最初受和氏族同一看待；再想到其次又受和領土同一看待，從可知莫爾根和福爾司的學說，更爲中肯。

【註】Hermann Sacher, Staatslexikon, Bd. III, Art. Nation, (S. 1482)

要之，民族觀念，是當封建時代的崩壞期，爲要喚起民族國家，而發明了對於過去的國家的過程新解釋時，被用作民族國家的建設理論，同時也被用作打倒封建國家運動的理論；是那時代的一種政治理他們的國學者完成了的。

第二節　民族問題

民族的內容，是什麽？這在前節，已經說明。民族，卽在封建制度崩潰，中央集權制已製成時，社會始完成爲一個民族的形態。是正和近代資本主義社會的發生期同時出現的。

民族這東西其後究提供了怎樣的問題？馬克斯說，『民族在其全過程中，其自身全被用爲壓迫其他一切民族的工具』。【註】這便是說，一個民族，愈欲鞏固其自身存在的基礎，並向外發展，則愈難免去壓迫對方民族的存在並妨害其發展的餘地。而實際上這樣的要求，任何民族都有；所以正和種族的存在是種族的壓制，等族的存在是等族的支配，階級的存在是階級的搾取等一樣；民族的存在，也當然是民族的壓制。在此便發生了民族問題。

【註】Mehring, Nachlass, Bd. III: Neue Rheinische Zeitung: Nationale Revolution. (S. 10[illegible])

民族國家發展了，近代社會也發展了，而資本主義已超越其民族的國境；到了這樣的高度的資本主義時代，即時便可想見此種民族觀念，也就漸次衰退。馬克斯在共產黨宣言中這樣說道：

『資產階級，壟斷了世界的市場，於是各國的生產和消費，便都帶了世界的性質，無論保守派如何憤恨，但國家的地盤，已受產業革命的影響崩壞了？而舊式國民的產業，一切都已經崩壞，或正在崩壞。他的地位就被新產業奪去了。這種新產業開始，就是一切文明國民生死關頭的大問題。這種產業底原料，現在不專靠國產，儘有國外輸來的，這種產業底生產品，不專在國內銷售，儘有供給世界各地的。從前的需要，只限於國貨就夠了，如今却要求國外的生產品。從前只株守一鄉一國，如今却也講求各國國民的交際和互助。便是智識的生產，也已經和物質的一樣。各國國民的創作，已成了世界公有物。國民的偏見和狹少的度量，漸漸沒有存在的餘地。世界的文學，已從許多國民的地方的文學當中興起了。（同二一九頁）

這確是一個傾向。但同時又被發見與此相異的傾向，即如列寧會有如次的敍述：

『資本主義才是在同情上加上了權力，欲藉此使民族的接近却甚困難。反之，社會主義則不加階級的抑壓的，來組織生產，確保全國民的福祉，藉此對於住民的所謂同情，保證其有完全的發露的機會，更藉此愈有力的促進諸民族的接近及融合』。（二一九九頁）

『我們不得不相信，在社會主義社會中，必能達到有經濟政治的統一。並覺得民族就是有文化言語的統一的。因爲社會主義的文化圈的地域的分割存在之間，社會主義的文化圈就只不過是基於生產之必要所生的，所以此種分割，本不須民族個別的（卽如民族自決權所主張的）根據自主權而加以決定，應由有全部利害關係的市民共同的來決定的』。（二一九七頁）

【註】 Lenin, Die Ergebnisse der Diskussion über die Selbstbestimmung, Okt. 1916 (Werke, Bd. XIX)

這樣的資本主義的國際化和資本主義本身的成爲民族之接近並融合的阻礙，關於這兩種關係，究竟如何可以並列這一點，史達林曾有如次的說明：

「在民族問題由地方的，國內的問題變化到國際的問題，即殖民地及附屬國的反抗帝國主義的問題的現代，民族的本質究存於何處？蓋民族的本質，是存在於今日植民地及附屬國大衆對於優勝民族的帝國主義的資產階級方面所加於此等殖民地及其民族的財政搾取的反抗並政治的奴隷化以及文化的蹂躪的反抗戰鬥上」。

【註】

【註】 Stalin, Probleme des Leninismus, S. 248; S. 125(Grundlagen des Leninismus)

即民族對立的意義，跟了民族國家的發展起了變化。最初確立民族，創設民族社會等，是民族問題的本質。我們即以此名之曰民族主義。在帝國主義時代，民族的問題，和民族主義分離，而有了別的本質。民族問題已不是某民族爲完成其民族的生存而行的運動，而是優勝民族的帝國主義的資產階級所以於殖民地及劣種民族的財政的搾取，政治的奴隸化及文化的蹂躪。故已不是民族的民族問題，而變爲民族的階級問題。若在戰爭上看來，則是從民族主義戰爭轉到帝國主義戰爭的變化的意義。即資本主義成爲國際化的結果，資本的支配失去了民族的意義而成爲階級化。換句話說，民族之平等權及民族之自決權，已完全喪失其意義了，而資本國際化的結果，此平等權和自決權便被打破；由民族資本的支配來替代民族的平等，甚至出現民族的階級的壓迫。在此種見解上，我們必得明瞭帝國主義戰爭之民族的意義。

關於此種民族自決主義的觀念和民族解放的觀念的不同，列寧這樣說道：

『小資產的民族主義，單求國際的民族平等權的承認（單求形式上的承認）；不許觸及任何民族的利己主義。反之無產的國際主義，第一，一國的無產階級的爭鬥的利益和由世界的標準所見的此爭鬥的利益相比，是被視作次要的。第二，他們既是要克服資產階級的民族，便得忍受爲了打倒國際資本主義而應有的重大的民族的犧牲。

【註】Urs.runglicher Entwurf der Thesen Zur nationalen und kolonialen Frege, (5.

Juni 1920 bei Lenin) Lenins Werke, Bd. XXV. S. 354

在此就有了兩個民族問題。一個是愈欲藉了民族的壓制，來擴大獨占資本主義的地盤的要求；另一個是被壓制民族對此的解放的要求。然則此兩個要求的對立，怎樣的分布在現代的世界上？列甯對此分為下列三種：【註】

一　西歐羅巴及美國的進步的資本主義諸國家。

資產的進步的民族運動，在此等國家，早已終了；此等偉大的列强，是壓制着殖民地及自國內的其他諸民族。關於這些支配的諸民族的無產階級的問題，是有和第十九世紀的愛爾蘭問題一樣的內容。

二　東歐羅巴即墺地利，巴爾幹，及俄羅斯。

在東歐羅巴地方，到了二十世紀，進步的民族運動始見發達，民族爭鬥也開始尖銳化。在此等國中，若無產階級擁護諸民族的自决權，便不能完成資產階級的民主主義的××的緊要的執行問題；也不能援助其他諸國家的社會主義的革命，尤其在此等地方的困難，是被壓制的勞働者的階級爭鬥和被壓制的諸民族的階級爭鬥的合流的問題。

三　半殖民地如中國，波斯，土耳其及人口約有十億人的全殖民地。資產的民主主義的運動，在此等地方，有的是才見其初期的階段，有的尚在連萌芽也未出現的情勢。但社會主義者無條件的卽時的促進殖民地的解放——並且此促進不外是在政治上的諸民族的自決權的承認的意思——社會主義澈底的維持在此等國家的資產的民主主義的民族解放運動中的革命的要素，且還持續着對於壓制彼等的帝國主義諸國家，他們所作的反抗，叛亂，尤其是他們的革命的戰爭。此種分類，在第三國際的要綱中曾經過種種的修改，但其根本是已在此分類中的。

【註】Lenin, Die sozialistische Revolution und das Selbstbestimmungsrecht der Nationen. (Werke, Bd. XIX. SS. 48-49.

歐洲大戰以後，不待說，俄羅斯是變了形，日本一躍而爲世界一等的强國，德墺因了戰敗而衰落，又在戰勝國中，却也有如意大利的萎靡不振的國家；所以世界的民族關係是大起變化了。【註】

【註】服爾格把戰後的民族關係，分類如下：

第一類　尚未完全發達之資本主義。

1英，法，比，意之非洲未開殖民地，——完全立於外國殖民資本之下的。

2歐洲以外的開明的殖民地，——國內資本主義的存在雖被承認，但被置於支配國家的壓迫之下。

3形式上獨立的殖民國家，——波斯，土耳其，墨西哥，南美，——資本主義的輸出及大資本輸入是應當承認的。

4英國殖民地，南亞，濠洲，新錫蘭——事實上獨立之國家，有充分發達的資本主義和廣大的農業的地盤。

第二類　發達完全且未被破壞的資本主義國家。

1日本——控亞細亞大陸，所受沒落之影響不多，接近美，濠，加拿大等世界市場。

2北美合衆國——有廣大的農業的地盤；此點與歐洲諸國不同。

3英國及歐洲中立國家——此等國家，缺少充分的足以自給的農業地盤。

第三類　資本主義已顯見沒落的國家。

1法蘭西，意大利，比利時等戰勝國家——其沒落以意大利爲尤甚。

2中歐工業國家——德意志，墺地利，波蘭，捷克；——前三者其沒落過程，尤爲顯著；財政及金融，均已見根本的破滅。

3東歐諸小邦及邊境國家——匈牙利，保加利，羅馬尼亞，巴爾幹諸邦；農業的財政狀態不佳；金融已見破滅。

第四類　蘇維埃俄羅斯。

（以上係以一九二二年世界經濟爲中心而成之分類；故在今日當已有變化。

E. Varga, Niedergangsperiode des Kapitalismus, 1912, 4. Kap.)

但以上大別之，具有下列三種形式：

一、已完成民族運動者，從而其民族運動，已完全入於階級化。

二、民族運動尚在進行中者，從而民族運動和階級運動相並立者。

三、民族運動尚未充分引起者，或爲尚屬萌芽時代者，而以純然的民族運動存在的。

此三種形式之中，民族主義之最强烈的，自然是第二種。帝國主義的發展，在屬於第一種的諸國家中，已發生了二種。即其資本主義的地盤强大者，愈能繼續其侵略的攻勢（第一類），其較爲不甚强大者漸漸退入被侵略的地位（第二類）。在後者其情狀與第二種相似。此種國家之大衆的政治運動，不能成爲純然的階級運動，而呈示如第二種的階級運動與民族的運動的合流的狀態。我們在此可以見到法西斯蒂運動。而在第一種第一類的强勢資本主義國家，反能夠發現法西斯蒂運動所以不見其充分發達的理由。依同樣的理由，在本來的第二種國家（民族運動尚未完成者）也能見到法西斯蒂主義的發展。

於是在每個國家中，可見到下列的三種發展的形式：

一　立於基礎較爲强固的資本主義的已完成的民族國家（卽前揭第一種第一類），在純然的階級運動上發展；在此意義，同時也發現其社會的危機。

二　立於基礎較爲不强固的資本主義的民族國家（卽前揭第一種第二類），以階級運動與民族運動的合流的形式；經過法西

斯蒂獨裁的過程之後，而完成資本主義最後的階段。（第二種國家亦同）

三　民族運動尚在萌芽或完全不存在的封建國家（即第三種）在民族解放運動的形式上，不得不與帝國主義抗爭，以完成其民族國家。

關於以上三種，馬克斯在共產黨宣言中，這樣說道：

『無產階級對於資產階級爭鬥，實質上雖然不是這樣，形式上最初總是從一國一國的入手，各國的無產階級必須首先處置本國的資產階級』。（三二六頁）

『（但是）共產黨與其他的無產階級各黨派不同的地方。祇是：（一）各國無產階級在他們國裏爭鬥的時候，共產黨一定脫出一切國家的界限，替無產階級全體指示共通的利害；(二)無產階級對資產階級間的爭鬥，無論是發達到怎樣地步，無論甚麼時候，無論甚麼地方，共產黨是代表無產階段運動全體利益』。(三七頁)『勞動者幷沒有國家，我們不能將他們原來欲剷除他沒有的東西從新去掉，勞動階級第一步事業就是必須握得政權，就是必須起來做國民底主要階級，就是必須以自己組織一個國民。由這點看來，勞働者是國民的，但和資本家所謂國民，意義却是不同。國民的差別和人民的對抗，自從有了資產階級發達，商業自由，世界的市場，生產方法和生活狀況統一等，就一天一天的消滅下去了。無產階級如果握得政權，那些東西，都要消滅得更快。因爲各國至少文明先進國的聯合政策是勞動階級解放的一種首要條件。個人掠奪個人的事沒有了，國民掠奪國民的事也沒有。一國裏階級對抗沒有了，這一個國民和那一個國民底寃仇也會沒有了』。(四二——四三頁)

由此看來，無產階級，先在民族的領域，以全無產階級的利益的代表者的資格參加階級爭鬥；接應爲了資本主義社會發展而起的民族的對立之衰頹，而以造成民族的革命社會爲目的而爭鬥。

列甯曾這樣說：無產階級的立場，正和階級對立經過了無產階級獨裁的過渡期而消滅一樣——

「祇經過了(無產階級獨裁的)過渡期，諸民族的融合便達到完全的解放。卽全體被壓迫民族的自主獨立」。【註】

【註】 Lenin, Die sozialistische Revolution und das Selbstbestimmungsrecht der

Nationen (Werke, Bd. XIX S. 44)

第三節　法西斯蒂主義的民族主義

法西斯蒂主義，俱有民族主義的綱領。已如前節所述，不是民族國家創生期中的民族主義的再生，倒是現代帝國主義本身的反映。所以法西斯蒂的民族論，早已不置重於民族自體；而與社會經濟的綱領相結合，主張把階級問題作民族問題而解決。，卽欲在民族問題上，求得人口過剩及生產過剩的解決。

但此種法西斯蒂的民族論，是有一種獨特的內容的。

意大利法西斯蒂主義的民族主義，是由意大利民族黨的創立者恩立哥，考拉提尼（Enrico Corradini）的民族主義論發足的。其民族主義，要之是以反對如神聖的羅馬帝國般的超民族的國家，卽以所謂近世民族國家爲最高理念。至於可使此種民族國家的主張合於論理化的政治思想，在目今似有三個思想系統：

一 黑智兒的文化國家論(Kulturstaat)

二 高比納的人種民族論(Racism)

三 夏爾，穆拉及『法蘭西行動派』(l'Action Francaise)的理論。

以上三種中，何者是以法西斯蒂主義的民族主義爲基礎的？法西斯蒂自身，對此都加否定。例如以不過是自然的唯物論的『人種』的觀念是不能說明民族之精神的統一的；黑智兒的文化國家，在把民族或國家視爲神的一點上不能一致；穆拉是反舊敎的，所以也主張不能贊

成他。他們是只主張愛祖國，結果立於湯麥斯，阿基那斯及其先師亞里斯多德的思想上而主張去完成民族國家的。【註】

【註】J. S. Barnes, The Universal Aspects of Fascism, pp. 35-63 (Part I. Ch. 1.)

但到了德國的希特拉運動，則又明明的採用上述第二條所舉的人種主義的民族論，而立於自然有機體的國家論的。卽他們不承認不屬德意志人種者的德意志市民權。如在希特拉黨的綱領第四條中規定着：

『凡爲市民者，必須屬於同一民族（Volksgenosse）。同一民族者，不問宗敎之如何，而指有德意志人的血液者，從而猶太人卽不得爲同一民族』。【註】

【註】Alfred Rosenberg, Wesen, Grundsätze und Ziele der N.S.D.A.P., S. 18.

Gottfried Feder, Das Programm der N. S. D. A. P., S 19

Pidder Lüng, Nationalsozialismus, S. 20.

Ernst Ottwalt, Deutschland erwache S. 281.

Hermann Heller, Sozialismus und Nation, SS. 29-31.

但希特拉黨的民族主義，等於是民族國家的完成，這可在他們的所謂『第三帝國』(Das drittel Reich)中見到。約翰哈普特的『論德意志民族的三帝國』，有如下的說明。即神聖羅馬的帝國是德意志民族第一個地上天國。此帝國被拿破崙的解放戰爭所打破，而於一八七一年，產生了非日耳曼的俾斯麥的自由主義國家。史家名之曰民族國家，但此乃大大的錯誤。其實在其背後的，不外是資本主義的資產階級。歐洲大戰，將此可厭的自由主義王朝打破。於是就開始了空前的偉大時代。第三帝國，如修德伊所主張國民與國家成爲完全的有機體的一體，立於機能分權制度與機能代表主義的議會制度之上；大總統與政府，爲全體的代表，而受國軍民團與義勇軍的衞護，以創成德意志民族最初的民族國家。【註】

【註】 Joachim Haupt, Aus den drei Reichen Deutscher Nation (Der Weltkampf, Heft, 88, April 1931) SS. 5-10.

參照本叢書第四卷『民族的社會主義論』

在希特拉黨所發見的人種的民族論，不見於反猶太感情稀少的意大利而見於反猶太感情强烈的德意志，這是當然的。但此兩國，在反猶太運動的程度上有如此的相差，這是由於他們的國家的事情之差異；歐洲大戰以後，德意志系的猶太財閥的支配，在意大利也已被承認；於是德意志一樣的人種的民族論，在意大利也就漸次的抬頭了。我們在未來派的首領馬利納第的主張中，已能見到此種論調。【註】

【註】參照『法西斯蒂運動論』

又如上所述，白納斯主張『法蘭西行動派』與法西斯蒂主義民族論關係，成蒂爾教授（Prof, Gentile）也明白的否認行動派與法西斯主義是有關係的。（上揭第五八頁）這是顧慮行動派的反法王的態度的解釋，可看作是法西斯蒂主義為要迎合舊教鞏固其地步的欲求的反映。『法蘭西行動派』是主張人種主義民族論的最激烈的反猶太運動，這是人所週知的。試去找求俱有如此人種的舊教的基調，反猶太主義的民族主義之思想的淵源，便知這不是黑智兒思想，是高比納及行動派的法蘭西系的民族理論。

此種法西斯蒂主義民族論，很明顯的一方面反對資產階級的國際主義；同時另一方面與無產階級的階級第一主義對立，排斥在資本及無產運動兩方面均有支配的地位的猶太人，這是法西斯蒂主義的民族主義的中心的觀念。繼而此種民族主義自有其階級的基礎；他們的階級主義，是否認階級的一種機能的集權主義；【註】所以，一方屬於中產階層的民族主義，同時自然有資產階級的民族主義的內容。換言之，國內資本對於外來資本之帝國主義的侵入的防衞，便是法西斯蒂主義的民族主義的實質。

【註】參照第五章第三節。

欲把法西斯蒂主義與蘇拉爾的革命工團主義相結合的企圖，爲一般所試行着的，但此企圖却不能說明法西斯蒂主義的民族主義與集權主義。反之行動派本包含有多量的工團主義的理論，且是已經實行着與工團主義相結合的運動。

第五章　獨裁政治與階級

第一節　階級之概念

今日的獨裁政治，共有三種。卽無產階級獨裁，資產階級獨裁及法西斯蒂主義獨裁。此三種獨裁中最後的法西斯蒂主義獨裁，在其階級的立場上，是有了問題的。在其爲大衆性的一點，則無產階級的一部也被包含進；他們自身主張中產階級的立場；而其所實現的，也以資產的色彩爲濃厚。從而今日的獨裁政治論，若不先校正階級的觀念，便難正確的理解。

但階級一向是和民族相同的，是一個很不正確的概念。把一向的階級學說分類時，大體可得下列七種：

一　以爲階級的泉源，是人類相異的學說，這是高比納的學說。

二　以爲是在人類文化之發展階段上所遺剩的文化發達程度的相差的學說。這是有名的西摩爾（Simmel）的學說。

三　是基於隨分業之發生所造成的各人勞動及職業內容的不平等的學說。這是休摩拉（Schmoller）及寶爾（Otto Bauer）的學說。

四　以爲階級的發生是和政治有關係的，而原因是在於權力關係的學說。這是龔普洛徵茲（Gumplowiez）和華本赫默（Oppenheimer）所主張的。

五　以爲使各人在社會所有的收入並利害關係的類同性，來構成一個階級由其對立而發生階級的對立。此說是考茨基的陳舊的學說，是在一九〇三年的Neue Zeit雜誌所載的論文中主張着的。【註】

【註】 Neue Zeit, XXI. Bd.2. S. 420ff.

六　以爲階級是各人在生產關係上所有的各自的地位所造成的一說。這是蒲哈林的學說。他下有如次的定義：

『社會階級者。可解作是對於別種關係所有的在生產關係上，的同一任務，在生產過程上足可表現於物質（勞動手段）上有同樣關係的過程的全體』。【註】

【註】 Bucharin, Historische Materialismus, S. 323

七　考茨基到了最近才改變了，以爲搾取者和被搾取者的關係便是階級。卽他在『唯物史觀』中作了下述的定義：

「所謂階級者，不外是一個團體或階級，對於其他的團體或階級，立於搾取者或被搾取者的關係，並且是正在擁護或實現此種關係的集團罷了」。【註】

【註】K Kautsky, Materialistische Geschichtsauffassung, Bd. II. S. 18.

至於馬克斯對此曾給以怎樣的何種解決而言，則馬氏的初期的論文『哲學之貧窮』，是關於欲知道階級事情的一部重要的文獻。其中記着下述的兩條：（一六三頁）

一　勞動階級的解放，卽其他一切階級的廢止。正如封建時代的等族都被廢止後，資產階級的社會始能成立一樣。

二　在封建時代不過是最下的第三等族的資產階級，負了廢除一切等族對立任務，同樣的，在資本主義社會中，勞動階級即無產階級也負了去排除一切階級的對立的任務。

馬克斯這樣的把等族（estate, Stand, état）和階級（social class）嚴加分別，明淺的說明着各各的社會的任務。並且在後恩格爾又在此部分加上註釋，說明得更爲明瞭：

『等族者，是在封建時代所限定的有一定的特權的。此種特權，爲了資產階級革命的結果，盡被廢除。從而在資本主義社會中，等族早無存在，而只有階級。所以仍把無產階級喚作第四階級，這是錯誤的』。（同上，一六三頁）

在比這以前所著的馬克斯的『法律哲學批判』中，也敍述着：等族的存在使社會上痛感許多苦惱，因此等族的廢除，遂得成功，今日的

無產階級卽占有了和此相同的地位。而其階級的苦惱，高到了成爲全社會的苦惱時，階級的廢除的時期也就成熟。【註】

【註】 Mehring, Nachlass, Bd. I. S. 197

於是等族是結成於政治的社會的特權上的，而階級則是和此相異的對立關係，就可明白了。【註】

【註】 蒲哈林關於等族說道：那不是以法律秩序及權利關係所作成的，反之，階級是在經濟的意識下所發生的對立。照此看時，等族就和經濟不相關的了。

又在『反杜林論』中，恩格爾把封建時代的階級爭鬥和資本主義社會的階級爭鬥對稱，說前者是封建貴族和都市庶民，農村和都市，農業地主和工業資本家，自然經濟和貨幣經濟，政權和經濟力的爭鬥。後者是資產階級和勞動階級的對立。（一六九頁）

更在『哲學之貧窮』中也說着：資產階級先在封建的支配和繼此的專制君主政治的支配下，作成其階級的組織。跟着此資產階級的階級組織之完成，封建制度便倒壞，專制君主政治便崩潰，從而立憲法治主義的資本主義社會就出現了。（一六一二頁）

由此看來，階級的輪廓，已很明瞭了。但尚未及其本質。

然則資本主義社會的階級是什麼？同在『哲學之貧窮』中說着：『資本主義社會發展了，同時大衆的大部份就變爲勞動者。而資本的支配就驅使民衆在共同的狀態並共同的利益上結合。如此漸見與資本對立的勢力之發展；民衆在爲了擁護共同的階級利益而對資本家的爭鬥上，開始結成一個階級。此等階級與階級的爭鬥，便是政治的爭鬥；由此種爭鬥，階級始能組織成階級』。（一

六二頁）

馬克斯以爲這便是共同的狀態，共同的利益，而在政治的爭鬪上所結成的組織。

至此，對於階級的本質始得幾分光明。至於造成此種共同的狀態和共同的利益的是什麽？却不甚明瞭。

在此我們試看『資本論』。『資本論』是人人所知道的，僅達到此階級論的一半，便絕筆的。在此書中所記的，要之祇限下列各項：

一　藉工資生活的賃銀勞動者，他們所有祇勞力；勞力卽爲他們的唯一的生活資料。

二　藉利潤生活的資本家，他們是資本的所有者。

三　藉地租生活的地主，他們是土地的所有者。

此三種對立關係，成爲今日社會的階級對立。至其發生原因，則有以勞動者藉工銀生活，資本家藉資本生活，地主則以地租爲生活之資料，所以所得與所得之泉源相同，此卽階級發生的原因。但由此種見解去考量階級時，則更得因所得之泉源的不同，而成許多區別……』

馬克斯列舉了種種職業，而缺少他自身的結論。因此宋巴爾脫批評馬克斯，說他不能決定階級概念。【註一】恩格爾則給馬克斯辯護，說，馬克斯要下此種重要的結論時，曾一再擱筆，結果，馬克斯終於在還沒下階級的定義，便死了的。【註二】

【註一】Sombart, Proletarischer Sozialismus, Bd. I.

【註二】Engels, Vorwort für III. Band "Des Kapitals (Volksausgabe, III. 1. S.XVIII.)

恩格爾自己則下了如下述的結論：

『在發達的資本主義社會中是必有與地租，利潤，勞銀相應的三個大階級的存在。——而因此種存在的必然的結果所生的階級爭鬥，便是資本主義時代的事實上的前提的歸結』。【註一】這樣可見到有三種階級，並且是由於地租，利潤，及勞賃等的所得形式的不同而發生的。馬克斯在『經濟學批判』的序文的冒頭也說：『現代資產階級社會分裂成三大階級』。【註二】

【註一】 Enge.s Vo wort für III. Bd. ''Des Kapitals''（Volksausgabe, III. I. S. XVIII.）

【註二】 Marx, Kritik de: Politischen Oekonomie, Vorwort, S. LIII

從而我們所得理解的，並非由所得形式或所得泉源一般的不同，產生了階級。固有的所得形式卽上面所舉的三個固有的形式；換言之，即地租，利潤，及工銀的三形式，便是階級對立的原因。其中地租與利潤之間，有與利潤和勞動略不相同的關係。前者實不過是封建制度對近代社會，農村對都市的對立的殘層；從現代的重要性說來，此二種階級(以代三種階級)的對立是在後者的對立中找得其主張。

在此欲把階級的概念作一結論。先得把一向所使用的階級(class)正確的分成三類；世襲階級(caste)等族(estate, Stand)及階級(social class)便是。

世襲階級是宗教和社會的政治的支配關係相結合時的事例；印度的四姓常被舉爲實例。這是各國所承認的社會階層的最舊的形式。

其次是等族；這是封建社會所都有的社會階層，分成三乃至五層，由於國情的不同而生差異。一般都把等族當作是封建社會的產物；但在封建社會以前的社會，並未給以特別的名稱。以日本的歷史言之，大化革新，氏族制度被廢以來，至封建時代出現爲止，其間尙存相當的時代。其間如奴隸的地位，大有變化；其他的階層的構成，也可見其應了各個時代，在發生變化。但說到等族，則此等時代的地位和構成等並未包含進去，是祇正確的指封建社會的階層的。然則等族的特質如何？可視作是與農業本位有關係的。依了存於農業上的支配的地位的大小及有無，自能決定其社會的支配力的大小。尤其如大土地的所有者，有私人的武力，藉此武力可支配他人；這可視作是農業的支配力，是等族存在的證據。

此政治的，社會的支配中的農業的要素，爲貨幣或以貨幣爲中心所發生的金融的信用所代替，這種是階級的發生。等族是世襲式的固定的，階級是構成在自由競爭的基礎上的。便在此間見到政治權力及法律秩序保證的有無。但此種外觀，結局不外是一種幻想；不外是由所謂農業的一個固定的要素和貨幣或信用的流動的要素的不同，以及對於職業不外是從固定的世襲的，或流動的各點上所生的反射作用。等族，乃指所謂士農工商均是一律的，却不是指士農工商的職業的。士的中間，文官和僧侶也一起包含，農工商之中，又有種種的農工商。所以說起分別等族的標準，究在何處？卽不外是由對於農業所有的支配的地位發生的政治的地位。此對於農業所有的各人的地位並在此農業本位時代的貨幣所有者的商人及貨幣土地都沒有的工匠，便成爲等族的泉源。

反之，現代的階級，是以貨幣及以貨幣爲中心的經濟的信用爲基礎的。這樣的社會的基礎的變更，也就是使階級對立變異的原因。從而在貨幣及以貨幣爲中心的信用，是有怎樣的支配的地位？這便是現代階級的基礎。但這樣的支配的地位，若爲利潤所得者，和工銀所得者時，便明顯的有對立的內容的。卽利潤的不過是勞賃的搾取，這便是很顯著的階級對立。此種對立，生出了一切社會上的對立關係；並且也和政治權力上的支配相結合，這便是階級的本質。

第二節　階級的對立

階級的概念，已經說明。在此試再說明階級的對立關係。

馬克斯在『共產黨宣言』中說道：

『今日以前的歷史的過程，不外是階級的爭鬥』。

恩格爾加上了註解說道：「此意義，正確的說來，是在文獻上所傳的歷史的意義。因爲一八四七年（共產黨宣言草成的一年）有史以前的社會，尙未被充分理解」。〔註〕在英國的文獻上，在第十八世紀的文獻中已有相當說及原始社會的；所以此種說明，是十分困難的。但在原始共產社會中見不到階級，這是很明白的。

【註】Vorwärtsausgabe, S. 25.

至於階級是怎樣發生的，這在馬克斯及恩格爾的「家族，私有財產及國家之起源」中已有說明。而「資產階級發達一步，他們政治上的權力，也便跟着發達一步，當初在封建時代，貴族掌權的時候，他們也是個被壓迫的階級，在中世紀的自由都市裏，他們便是個武裝的自治團體，有的變成獨立的共和都市（德意），有的變成王政治下的納稅的「第三階級團」(如法)。到了手工業時代，他們被半封建或專制的君主，用做抵抗貴族的器具，大王國統一的柱石；最後近代的產業和世界的市場都成立了，他們就成了有產階級，那近代代議制度國家的政權都被他們一手把持，國家的行政機關，只算辦理他們公共事務的一個委員會罷了。(宣言同上二一七頁)如此現代支配階級，便把全社會置於自己的營利之下；無產階級則並沒何等自己的生活的保證僅受得最低生活費以下的工資。【註】

【註】 Marx, Elend der Philosophie, Anhang, S. 184.

無產者這樣漸漸結成爲階級，大衆的大部份，便和資本主義社會的發展同時變爲勞動者。資本的支配漸漸的使民衆向共同的狀態與共同的利益結合。這般對於資本的對立的勢力便漸漸發展；在爲要擁護共同的階級利益而與資本家爭鬥的上面，民衆開始結成爲階級。階級和階級的此種爭鬥，便是政治的爭鬥。但在此爭鬥中，階級始成爲正式的階級。(「哲學之貧窮」一六二頁)

在此種階級爭鬥中，無產階級所有的社會的任務是什麼？這是已如前述的，是和資產階級對於封建制度所有的一般的任務，即爲廢除資產階級及資產階級社會。但無產階級與資產階級的爭鬥，不以新的政治社會的交替爲目標，而以政治社會的打倒爲目的。繼而不和先前的土地所有者的支配，由貨幣所有者來代替一般，新的目的物的所有者的支配，會代了貨幣所有者而出現。這般的造成社會的支配力的「所有」制度，當然得被廢除。而現在的階級的被廢除，足使預想到可以代它的新的對立的發生。在此意義上，無產階級仍不外是階級對立。而有關於政治社會的革除的最後的社會的任務。

然則兩大階級之間，其存在不甚明確的中間階級，是有怎樣的內容的？

馬克斯在「共產黨宣言」中，把這中間階級有如次的說明。

「中產階級的下層，像小製造家，零賣商，工匠，農夫，這些人原也是同有產階級爭鬥，好保持中等階級的地位。他們的爭鬭并非革命的，祇是保守的。不但保守，他們并且希望把歷史的機輪向後退轉，簡直是復古的。就是他們有時來革命，也是因爲覺得自己將要墮入無產階級的緣故。他們不是防衛現在的地位，只是計較將來的利害，他們纔拋却現在的立脚地，去站在無產階級的立脚地」。【註】

此種中間階級在他們的態度上也是中間的。

【註】Manifest, S. 35.

馬克斯把中間層的構成員分述爲下述數種：

一　小工業資本家，

二　小商人，

三　小利子生活者，

四　手工業者，

五　農民，

資產階級對此中間階級的支配，結果是把他們變爲「工銀勞動者」。因爲小資本家受了大資本家的壓迫而倒，新生產手段的發見，使許多職業歸於不必要。（同上，三三二頁）

並且資產階級對於此外如：

一 醫師，

二 法學家，

三 宗教家，

四 詩人，

五 學者，

的支配，據馬克斯說，竟也把他們變爲工銀勞動者。（同上，二八頁）上述的小資產階層，馬克斯名之曰「過渡的階級」（Uebergangsklasse）【註】

【註】Marx, 18. Brumaire, S. 40

其次農村諸階層的階級的歸屬是怎樣的？馬克斯在「德國農民爭

關」中分農民層爲大農小農兩種；並說大農便是資產階級。【註一】但在「德國的革命及反革命」中則分成下列三種：

一　受豁免租稅的大封建地主，

二　使役工資勞動者的大農中農，

三　小農及農業勞動者，

並說着第二種是與資產階級結成同盟而反抗第一的大封建地主。

【註二】昂格斯在「德法戰史一八七〇——七一年中」則有如左的分類：

一	大地主	保守黨
二	農民	
三	資產階級	國民自由黨
四	小資產階級	進步民主黨
五	勞動者	社會民主黨

他把全體分成三階層。下述的政黨的分野，是當時德國地方會議中所見的。【註三】構成中間層的，是怎樣的分子，這看了此種記述，即可明瞭。

【註一】Marx, Deutsche Bauernkrieg, Vorrede, S. 25. (Vorwarts)

【註二】Marx, Revolution und Rontre-Revolution in Deutsch'and, S. 101.(Intern Bibe.)

【註三】Engels, Des Deutsch-Französische Krieg, 1870-1871. (Marx, Bibliothek, S. 64.)

馬克斯和昂格斯所分的三大階級，其意義指藉地價，利潤，工資三種所得而生活的階級。但此外他們也承認有中間層（Mitted stand）的過渡性質的社會的任務。

第三節　中間層的任務

不待說，馬克斯和昂格斯當然不曾想豫到所謂法西斯蒂主義。但在實質的意義上，却也並非沒有豫想到。馬克斯和昂格斯曾以之作爲區別無產獨裁之屬於過程的暴力的與屬於和平的兩種政治的觀點。即如他們關於「官僚的軍事的機構」(Büreaukratisch-Militärische Straktur)的理論。

詮索馬克斯的文獻，便知『官僚』和『常備軍』等語，在新萊因新聞中已經出現。即他把此等階級描寫做是反動的勢力(見前)。在法蘭西之內亂的第三章中，關於此點，說明得更爲詳細。

『中央集權性質的權力及其汎在的機關即常備軍，警察，官僚，裁判官等，是依從了勞動的組織及階級方面的分化之計劃而造成的，是發生於專制君主時代，在爲了正在勃興的資產的社會而與封建社會對立的爭鬥中，完成其爲一種有力的武器的任務。』【註】

【註】 Kap. III. (Vorwärts-Verlag. S. 86.)

尚有在前引照的馬克斯的『給克格爾曼的信』（卽一八七一年四月十二日的信）中，記有『官僚的軍事的機構是非打破不可的』一語；【註一】但在比此信更早的卽他在一八六九年所寫的『普爾門十八日』中，更這樣的說着：

『此種執行權力，（指一八五一年十二月三日所成立的拿破侖大總統選舉）有巨大的官僚的及軍事的組織，有尨大而巧妙的國家機構，五十萬的官僚大衆、及此外所餘留的五十萬軍隊，共計有百萬的可怕的寄生物，如膜網一般的，圍住法蘭西社會的肉體的週圍，塞住全體的毛空；更在封建制度崩壞時，有促進其崩壞的効果，這是在專制君主政治的時代所發生的。』【註二】

【註一】『法蘭西之內亂』附錄一三五頁

【註二】 18. Bruma're S. 100

更在與此相同的文獻中，這樣的記述着：

『但在專制君主政治之下，卽在第一革命之間，也卽在拿破侖之下，官僚不過是爲了準備資產階級的階級支配的一種手段。在王政復古的時代，路易菲立普統治之下，卽在議會主義共和政治之下，此官僚，不過爲支配階級的工具。官僚當然是爲了自己自身的權力才努力，這是不待說的』。（同上，一〇一頁）

而列寧在國家與革命中，把官僚和軍閥的任務更擴大了說道：『官僚和常備軍……那是在資產的社會的肉體上的寄生蟲，是由足使社會根本毀滅內部的矛盾所養成的寄生蟲，也是閉塞生活之穴的寄生蟲』。【註】

【註】 Lenin, Staat und Revolution, S. 28. (Vulkan-Verlag)

他用了可使人悟解的文句。依他說，官僚和常備軍，便似由資產階級社會的內面的矛盾所發生的一般。此點和馬克斯所說的發生於專制君主政治時代，不能一致。但列寧爲什麼這樣的把官僚和軍閥的對於社會的任務，一直延長到現代？

馬克斯的意思，是在敘述官僚和軍閥是成立於專制君主政治時代的；（指封建制度與立憲政治的中間時代）更說明在那時援助了資產階級社會的完成。但官僚與軍閥的存在意義事實上並不在此時代便告終止；它的社會的勢力之消長，固爲不免；但其後也仍繼續担任某種社會的任務而至於今日。然則今日之官僚與軍閥，果有何種社會的任務？

一八七二年在荷蘭國的哈閣地方開國際勞動會議；馬克斯在此會議以後所開的亞摩斯特登的國民大會中，這樣的說過：

『勞動者不久將爲了建立勞動的新組織的基礎把政治權力收回到他們自己的手裏。勞動者必得打破支持着陳舊的制度的陳舊的政治……我們當然得把各地方的制度，習慣及因襲細加考慮。從而我們也不否認有如美國和英國那樣的，勞動者得以和平的方法，達成他們的目的的國家。更詳細的把其制度調查時，則關於荷蘭的或者也可同樣的說。但却不能說任何國家都是這樣的。』【註】這是考茨基在『無產階級的獨裁』（一九一八年）及 民主政治乎獨裁政治乎』（一九一八年）兩書中所引用的文句。

【註】 K. Kautsky, Diktatur des Proletariats, S. 7. Demokratie oder Diktatur, S. 13.

馬克斯當時抱有這樣的思想是很明顯的。因爲昂格斯在一八九一年的埃爾富爾綱領批判中曾這樣的說明着：

『全權力集中在國民代表機關；國民所要求的，任何事祇要能得到立於其背後的多數支持者，則凡能實現立憲的理想的各國如法國和美國那樣的民主共和國及王朝的事情，都會每日在報紙上引起議論。且王朝對於民意，並無何等權力；即如在英國那樣的君主國中的舊社會，我們也不妨相信它能發展成為新的社會。但在德國，政府的權力是強大的，議會和其他一切的代表機關，事實上是無力的，……所以若以為在那裏也能以和平的方法造共和國，並造成共產社會，這便是一個極大的幻想了。……但依照我的見解來說，全政治的權力，是得努力使其集中於國民代表的機關的。」【註】

關於新近成為共和國的法國，在此也被說及。

【註】 Neue Zeit, Jahrgang XX. Bd. 1, SS. 10-11

更在一九七一年，卽馬克斯在亞摩斯特登演說的前年，馬克斯在布魯美爾十八日記中，記着：官僚及軍事的機構是應得以暴力打破的；這在大陸的任何國的國民革命上，是一個必要的前提。（見前）

從而我們可以知道：馬克斯是以爲官僚及軍事的機構之存在，是引起暴力革命的必要的原因。

在後列寧對於此等文句，加了下面那樣的解釋：

『第一，他（馬克斯）把結論限定於大陸。此點在一八七一年是受得理解的，因爲英國當時還沒有軍閥主義，並且極度發展的官僚也沒有，是純粹的資本主義國家的模型。從而當時的馬克斯，以爲革命及國民革命也必得先打破「已完成的國家機構」才可能，更因爲非此是不可能的，所以他把英國除外了。

『但在第一回帝國主義戰爭的時代的一九一七年的今日，馬克斯所舉的此種例外，已失其效力；在沒有軍國主義及官僚主義的意義上成爲盎格魯·薩克生式的自由的最大最後的代表者英美，也早已完全沈入全歐的官僚及軍事的機構的血腥沼澤中，而成爲支配一切，壓迫一切的機構。並且在目今的英美，「一切民衆革命勃發的有効條件」都已成熟；「已完成的國家機構」之打破運動也已將開始。（一九一四年——一九一七年間全歐洲的帝國主義，已得到一般的完成。）

第二，馬克斯以官僚及軍事的國家機搆之破壞，爲各國國民革命成功的前提；其中馬氏的頗有含蓄的生意，是値得考慮的。」【註】

此種所謂『含蓄』確爲我等所應加考慮之點。

【註】Lenin, Staat und Revolution, 1918, S. 34.

如此看來，官僚及軍事的機搆，在專制君主政治時代，打破了封建的分散主義和傭兵制度，基於應完成中央集權制的必要，是與所謂全國皆兵令之實施及國民軍之創生等同時發生的。此種機構，不是封建的遺物，也不是別的什麼；是近代資產階級社會的民族主義時代中所必要的機關。然其後立憲制度漸見發達，官僚政治發達而成爲政黨政治，因而對於官僚與軍閥之支配的政黨的抗爭也就開始。民族主義的時代告一終止，帝國主義的時代漸次的開始；因而對於官僚及軍事的機構之政黨的壓迫也似在進展。但事實上，帝國主義的時代，也如上述的，需要新的帝國主義的戰爭，並需要新的統制經濟；從而軍事及官僚的機構之必要，也祇見其增大。帝國主義的階段提高，跟着其要求也愈加深刻。但把此新的要求，與民族主義時代的要求相比，即有下述的差異。即民族主義時代的官僚及軍閥的機構，其自體即立於政治權力的中樞。從而又立於可以由自己實行民族的支配之地位。反之帝國主義時代之官僚及軍事的機構，是有所謂政黨內閣及政黨的對立物。此種政黨的勢力，也就立於帝國政治權力的中樞。故在此時代的官僚及軍事的機構，自然與政權的中樞成對立，而被置於與此相抗爭的地位。於是其態度也不得不漸漸成爲叛逆的。更如前面所述的，在需要行政整理及軍縮的帝國主義時代，他們的階級化，是必然之勢。從而在他們中間，尤以被置于與政權隔離甚遠的下級尖銳分子之間，漸漸的在釀成法西斯蒂主義的機會。他們的本來的民族的教養與他們對於時代問題的錯覺，又把民族主義的色彩給了此運動。

助長此中間階級反動化的傾向的其他因子，爲農村問題。卽在封建時代，在經濟上占有支配地位的農村，因了近代社會之發展，便受到了都市的壓制。近代社會的發展全過程，同時就不外是農村的衰頹的全過程。到了帝國主義時代，襲擊都市的恐慌，把已在頹廢的農村提入了更可怖的危機，同時使農村人口的轉職，成爲不可能。於是農村便成爲法西斯蒂主義運動的最有力的地盤。

繼此而起者爲不知無產階級的苦惱的小中商工業者。他們也是在帝國主義時代的企業獨占化的最初的犧牲者而被獻給孟蒙的祭壇的分子。（見前）智識階級也因了減俸（年俸），減薪及裁員等風潮，思想便起非常的變化。於是他們的民族的教養及反資本主義的要求，驅使他們與法西斯蒂主義運動合流。並且以民主主義爲前提的馬克斯，昂格斯也豫想到了和平的轉換漸見困難；這在爲社會一分子的我們，也覺遺憾，且也爲不願祈求的。由此種意義上看來，擁有武力的政治上的運動，在此時最應加以戒心。

馬克斯和昂格斯確都曾推測過在當時的英美法（或荷蘭）那樣沒有官僚及軍事的機搆的國家，無產階級政權之和平的確立反爲可能；而斷定在其他大陸諸國如俄德墺等官僚及軍事的機構强大之國，此種政權之確立爲不可能的。

在今日英美法（或荷蘭）等國，法西斯蒂主義之危機，較爲輕少；德墺及其他軍事及官僚的機構强大之國家，則法西斯蒂主義的危機，已入深刻化。因爲有了此所謂法西斯蒂主義的新的事象，馬克斯和昂格斯的軍事及官僚的機構論，也就得其適用。此實爲一不可思議之事。但其實此也不足爲異，蓋官僚及軍事的機搆之是否强大，即在此點便與法西斯蒂主義發生的原因有關係。在今日此種機構卽如列甯所說的，是成爲資產階級社會中的法西斯蒂主義的寄生蟲。

此資產階級社會體內的法西斯蒂主義的寄生蟲，在今日忽又熱烈的作其政治的活動，其原因不得不求之於資產階級社會中的最近的新階段。卽得到下列兩個原因：

一，當然發生的中間層的沒落過程，由經濟之合理化向財政之合理化發展，以及軍縮及行政之整理。

二，民族對於帝國主義的侵略的防衛之必要性的增高。

此四種原因相互合流，遂至造成愛國運動及階級運動的交錯。官僚及軍事的機構愈强大，愈適於使第一第二的要求，成爲資產階級社會的矛盾而出現。政黨內閣，在第一個要求上，需要軍事及官僚的勢力之壓制。但在第二個要求上，則反至迫於必得使其擴大。於是政黨內閣之不徹底的態度，成爲直接的動機而開始了軍事及官僚的勢力向政黨內閣之反抗及其反動勢力之復興。一方在同等地位的中間社會層的大部份，受了此種反動及目前的危機之刺激，開始與軍事及官僚的勢力同流合化。法西斯蒂主義的成因，卽在於此。祇爲資產階級的走狗的中間層，其中屬於自由主義的且己受得啓蒙的一部份，站在行將崩潰的進步主義的地盤上。從而在今日法西斯蒂主義極其猖獗的國家，其和平的轉換，可說愈加困難了。在今日此等國家之政黨政治及議會主義，己失其意義，遂至見到恐怖主義之橫行。

如上面所述，可知法西斯蒂主義除愛國主義之外，尙有階級理論之存在。此卽爲與陳舊的愛國主義國粹運動的形式不同之點。但他們的階級理論，早己不是純粹的階級理論，而不外是階級否認論了。法西斯蒂主義的理論家亨斯，洛波凱在題爲『民族的社會主義與經濟』

一文中，這樣敍述道

『勞動者早已不再是祇限於知道無產階級感情及過少工資的感情。他們也能理解對於民族的効勞問題了。同時在生產者階級的內部，有支配者與被支配者，及有能者與無能者之對立，這是當然的。勞動常是高貴的職業，並無馬克斯式的怪妙的平等化的意義。普魯士有句古語叫「守分」(suum cuique)，這便是民族的社會主義之第一條規律。叫各人應安於其所受得的地位而滿足』。

【註】

還有意大利法西斯蒂主義的『勞動憲章』第二章中，以勞動爲社會的義務，並宣言在民族的見地上所能實行的國家的統制之下，勞動是成爲有機的一體。這和上面引用的一般，有一致的精神。

敬啟

『民國專題史』叢書，乃民國時期出版的著名學者、專家在某一專題領域的學術成果。所收圖書絕大部分著作權已進入公有領域，但仍有極少圖書著作權還在保護期內，需按相關要求支付著作權人或繼承人報酬。因未能全部聯系到相關著作權人，請見到此説明者及時與河南人民出版社聯系。

聯系人　楊光

聯系電話　0371-65788063

2016年3月28日